一课研究丛书·图形与几何系列

主编 朱乐平

长度测量

教学研究 | 姜荣富◎著

教育科学出版社
·北京·

出 版 人　所广一
策划编辑　郑　莉
项目统筹　郑　莉
责任编辑　何　薇　刘　灿
版式设计　宗沅雅轩　贾艳凤
责任校对　贾静芳
责任印制　叶小峰

图书在版编目（CIP）数据

长度测量教学研究/姜荣富著. —北京：教育科学出版社，2014.1（2019.1重印）
（一课研究丛书/朱乐平主编. 图形与几何系列）
ISBN 978-7-5041-8152-7

Ⅰ.①长… Ⅱ.①姜… Ⅲ.①测距—教学研究—小学 Ⅳ.①G623.502

中国版本图书馆 CIP 数据核字（2014）第 011261 号

一课研究丛书·图形与几何系列
长度测量教学研究
CHANGDU CELIANG JIAOXUE YANJIU

出版发行	教育科学出版社				
社　　址	北京·朝阳区安慧北里安园甲 9 号		市场部电话	010-64989009	
邮　　编	100101		编辑部电话	010-64989179	
传　　真	010-64891796		网　　址	http://www.esph.com.cn	
经　　销	各地新华书店				
制　　作	北京金奥都图文制作中心				
印　　刷	保定市中画美凯印刷有限公司				
开　　本	720 毫米×1020 毫米　1/16		版　　次	2014 年 1 月第 1 版	
印　　张	15		印　　次	2019 年 1 月第 3 次印刷	
字　　数	226 千		定　　价	36.00 元	

如有印装质量问题，请到所购图书销售部门联系调换。

丛书序

这是一套什么样的书？

你见过对一节课的研究形成一本十几万字的学术专著吗？

你见过查阅百年来课标（大纲）后综述对一节课的教学要求吗？

你见过对一节课的内容进行国内外多个版本教材比较吗？

你见过对主要杂志上关于一节课的研究成果进行综述吗？

你见过根据一节课的内容给出许多个不同的教学设计吗？

你见过对一节课的研究形成系列校本教研的活动方案吗？

你见过以作者与读者互动对话的形式写成的学术专著吗？

本丛书将让你见到上面所有的"样子"。

《一课研究丛书·图形与几何系列》（以下简称"丛书"）是对课的研究。其中的每一本都是围绕小学数学"图形与几何"领域的一节课（或两三节相关的课）进行多视角系统研究而形成。

研究的内容主要根据教师的课堂教学实践与理论水平提高的需要来确定。主要维度如下：

1. 数学知识维度。数学老师要上好一节课，就应该比学生有更多关于这节课的数学知识，即"上位数学知识"。它是指超越了小学数学一节课的内容，在初中、高中（或中等师范学校）以及大学数学中出现的相关数学知识。很显然，没有上位数学知识是无法上好一节课的，但只有上位的数学知识也远远不够，还必须能够从中获得教学的启示。也就是说，要把围绕一节课的上位数学知识与小学数学紧密结合，指导小学数学教学。这一维度的研究主要解决老师在知识上的"一桶水"问题。

2. 课程标准（教学大纲）维度。从理论上说，一个教师有了数学知识以后，首先要关注的就是课程标准（教学大纲）。这是因为数学课程标准（教学大纲）是一个规定了数学学科的课程性质、目标、内容和实施建议的教学指导性文件。对一节课展开研究应该从最高的纲领性文件入手，明确这节课的目标定位。丛书中所涉及的每一节课，其作者都查阅了自20世纪初到现在的一百多年来国内所有和国外部分数学课程标准（教学大纲），从标准的视角，展现出一节课教学要求的历史沿革过程并从中获得启示。

3. 教材比较维度。数学教材为学生学习一节课的内容提供了基本线索和知识结构，它是重要的数学课程资源。丛书对一节课的教材从多个角度进行比较研究。从时间的角度看，进行了纵向与横向比较研究。纵向比较研究是对不同时期出版的教材进行比较，特别是对同一个出版社或同一个主编不同时期编写的教材进行多角度比较，从历史的沿革中感悟一节课不同时期的编写特点；横向比较研究是对同一时期出版的多种不同版本教材进行比较。从地域的角度看，进行了中国大陆与港、澳、台教材的比较，以及国内外教材的比较。教材比较研究可以为研究这节课或去给小学生上这节课的老师开阔视野，帮助找到更多有价值的课程资源。丛书的每一本不但在正文中对教材进行了比较，而且还在附录中完整呈现了多个版本的相关教材，供读者进一步研究参考。

4. 理论指导维度。我们知道，没有实践的理论是空虚的，没有理论的实践是盲目的。要上好一节课，自然需要理论的指导。奇怪的是，虽然有许多教育理论，但要真正系统地指导一节课的时候，特别是要指导一节课进入实践操作时，却又常常是困难的。丛书在数学教育理论指导课堂教学方面做了探索，努力做到让理论进入课堂教学实践，使得实践者能够真正感受到理论的力量。

5. 学生起点维度。学生是学习的主体，要进行一节课的教学，自然要研究学生的起点。丛书不仅阐述了如何了解学生起点的方法，而且还围绕一节课的学习，对学生起点情况进行分析与研究，以便更好地进行教学设计。

6. 教学设计维度。有了上述五个维度的研究后，我们就可以进入教学设计的研究维度。丛书首先对一节课的教学设计进行综述，就是把散见在多种重要杂志和专著上的教学设计成果进行整理（比如，查阅《小学数学教师》《小学教学》等刊物自创刊以来的全部内容），试图明确这节课迄今为止的所有研究成果。然后再根据学生的情况和多个不同的角度设计出新的不同的教学过程。这些新的教学设计都可以直接进入课堂教学实践。

7. 课堂教学维度。有了教学设计就可以进入课堂教学研究。这一维度主要是对一节课进行课堂教学的观察与评价，具体阐述了如何从多个角度了解教师与学生的情况，如何对教师的教与学生的学进行观察与评价。

8. 课后评价维度。课后评价维度是指在学生学习了一节课以后，对学生的学习情况进行了解与评价。丛书主要从情感态度与"四基"（基础知识、基本技能、基本思想、基本活动经验）内容两大方面，对学生进行测查评价，包括如何进行课后测查与访谈，学生容易掌握的内容和容易出错的地方的调查与研究，等等。

9. 校本教研维度。校本教研的重要性不言而喻。丛书主要围绕一节课提供校本教研的活动方案。即提供了老师们对一节课开展系列研究的活动方案，以便在更广的范围内对一节课进行全面深入系统的研究。

上述九个维度是丛书研究的基本视角，丛书中每一本书的作者还会根据课的具体内容与特点有所侧重地展开研究。所以，每本书既有自己的个性，又有丛书的共性。

从写作形式来说，丛书中每一本书的目录基本都采用了问题形式，以便读者能够快速查到自己感兴趣的内容。正文中的阐述方式采用了平等对话的形式，并提出了一些问题让读者思考。这样的写作形式，试图拉近作者与读者的距离，增加读者的参与度，让读者更感亲切。

这套书是如何形成的？

时间与人员：丛书撰写历时五年。丛书作者25人，有省特级教师、省优秀教师、省市教坛新秀和骨干教师。他们都是"朱乐平小学数学名师工作室"的成员，是经过自愿报名、笔试、面试后，在众多的报名者中脱颖而出者。

目标与问题：丛书撰写的目标是为了与大家分享成果，试图在分享中促进数学老师的专业发展，让更多的老师能够减轻工作负担，提高数学教学水平。如何真正促进数学教师的专业发展？有人说，要"实践—认识—再实践—再认识"。这很正确，但任何一个专业要发展都应该如此。也有人说，要"多读书，多交流"。这很对，但对所有专业的发展都适用。还有人说，要"多实践，多反思"。这也很有道理，但缺少了教师专业发展的特点。

观念与操作：通过课例研究，促进专业发展——这是具有教师职业特点的专业发展之路。数学教师主要通过一节课一节课的教学体现出自己的专业水平，学生主要通过一节一节数学课的学习而成长。可见，对一节节课进行研究的重要性怎么强调都不会过分。数学教师通过一节一节课的研究定能提高自己的专业水准，而研究出的成果又可以与同行分享，并有可能减轻同行的工作负担。正是基于上面的这些想法，我们才花五年时间写出了这套丛书，希望同行们能够从中得到一些启迪。

由于水平所限，书中一定存在不足甚至错误，敬请读者批评指正。

朱乐平
2013年7月于杭州

目 录

1 上位数学知识研究

1.1 几何学起源于图形测量 / 3
为什么说测量推动了数学的发展? / 3
为什么说测量与科技进步与时俱进? / 5

1.2 长度定义的唯一性 / 6
为什么说长度定义只是经验的描述? / 6
为什么用线段长度定义两点间的距离? / 7
测量和度量是同一个意思吗? / 8
测量活动的基本性质有哪些? / 9

1.3 比较是测量的基础 / 10
为什么说学习测量是重要的? / 10
物体的可测量特性是什么意思? / 11
测量要考虑的基本问题有哪些? / 11
测量的结果有几种可能的情况? / 12
为什么说比较是测量的基础? / 12
什么叫作测量中的间接比较? / 13
为什么说测量为比较提供了方便? / 14

1.4 量的本质是测量结果 / 15
什么是数量? / 15
长度有哪些运算的特性? / 16

数和量有什么联系与区别？/ 17
什么是度量的数？/ 17
长度是连续量还是离散量？/ 18
怎样表示连续量？/ 19
为什么说数数是测量连续量的基础？/ 19

1.5 统一单位的意义 / 20
什么是长度单位？/ 21
中国最早的尺是怎样的？/ 22
为什么统一长度单位是重要的？/ 22
公制测量是如何产生的？/ 23
通用的公制测量系统有什么好处？/ 25
主要的长度单位有哪些？/ 25
长度单位永远守恒吗？/ 26
任何测量都有单位吗？/ 27
为什么要选择合适的单位？/ 27
什么是长度的公测量？/ 28
为什么长度单位设计为1？/ 28
任何两条线段都是可公度的吗？/ 29
计量单位与计数单位有什么联系？/ 30

1.6 测量的误差不可避免 / 31
为什么说测量的结果是一个估计值？/ 31
测量越精确越好吗？/ 32
什么是测量中的误差？/ 33
如何减小测量中的误差？/ 33
为什么得不到绝对精确的测量值？/ 34

2 课程标准(教学大纲)研究

2.1 国内课程标准(教学大纲)对长度测量教学的要求 / 37
1949年以前相关文件的要求 / 37

　　　　1949—1978 年课程标准(教学大纲)的要求 / 40

　　　　1979—2000 年教学大纲的要求 / 44

　　　　2001—2011 年课程标准的要求 / 46

2.2 国外课程标准对长度测量教学的要求 / 48

　　　　美国课程标准的要求 / 49

　　　　英国课程标准的要求 / 52

　　　　荷兰课程标准的要求 / 53

　　　　日本课程标准的要求 / 54

　　　　澳大利亚课程标准的要求 / 54

　　　　加拿大课程标准的要求 / 56

　　　　芬兰课程标准的要求 / 57

　　　　法国课程标准的要求 / 58

　　　　德国课程标准的要求 / 59

　　　　南非课程标准的要求 / 59

2.3 课程标准(教学大纲)比较得到的启示 / 61

　　　　国内课程标准(教学大纲)纵向比较得到的
　　　　　启示 / 61

　　　　国际课程标准横向比较得到的启示 / 63

3　教材研究

3.1　1949—2000 年教材中长度测量编写情况 / 67

　　　　1949—1978 年教材的编写情况 / 67

　　　　1979—2000 年教材的编写情况 / 69

3.2　2001—2011 年教材中长度测量编写情况 / 77

　　　　人教版教材的编写情况 / 78

　　　　北师版教材的编写情况 / 82

　　　　苏教版教材的编写情况 / 85

　　　　浙教版教材的编写情况 / 89

　　　　西师版教材的编写情况 / 91

青岛版教材的编写情况 / 92
3.3 台湾地区教材中长度测量编写情况 / 93
3.4 教材比较研究的结论及启示 / 95
1979—2000 年教材比较研究的结论及启示 / 95
2001—2011 年教材比较研究的结论及启示 / 96
台湾地区和日本的教材给我们的启示 / 104

4 教学设计研究

4.1 长度测量教学设计的文献研究 / 109
专业杂志及专著的相关文献介绍 / 109
文献观点综述 / 126

4.2 理论指导下的长度测量教学 / 134
为什么要强调在"做"中学测量？/ 135
怎样教学测量中的程序性知识？/ 138
建立长度单位概念属于哪种学习方式？/ 140
长度单位教学中如何运用变式理论？/ 142
如何运用学习的动机理论？/ 143
测量教学中如何运用好感知规律？/ 145
如何运用有意义的接受学习？/ 150

4.3 长度测量教学片段赏析 / 152
需要怎样的尺子？/ 153
1 米究竟有多长？/ 155
1 千米有多远？/ 158
怎么做尺子？/ 160

5 学情调查与教学重构

5.1 长度测量学情调查 / 169
能说出身高就是理解长度了吗？/ 169
如何设计"认识厘米"的前测？/ 171

　　　　如何解释前测的结果？/ 171
　　　　认识 1 厘米长对比研究结果如何？/ 174
　　　　估测长度可能存在哪些困难？/ 176
　　　　认识厘米要特别注意哪些问题？/ 177
　　　　认识厘米的基本知识要求是什么？/ 178
　　　　认识厘米的基本技能要求是什么？/ 178
　　　　如何评价学生是否真正认识了 1 厘米？/ 178
　　5.2　长度测量教学重构 / 179
　　　　教学设计 / 179
　　　　教学评论 / 184

6　校本教研活动方案

6.1　小测量　大智慧 / 191
6.2　数学思想方法 / 196
6.3　教材比较 / 199
6.4　教学片段赏析 / 204

参考文献 / 211

附　录 / 213
根据实验稿课标编写的"长度测量"教材图片 / 215

后　记 / 227

1 上位数学知识研究

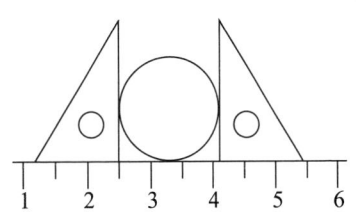

在本章，你将了解到测量对数学和科学贡献的力量，体会到测量与其他数学知识的密切联系，理解长度单位发展的主要历程及把单位定义为1的合理性。

不知你是否思考过：几何学的起源是什么？一般认为，几何学起源于图形大小的测量。测量的重要性不言而喻，我们很容易想到生活中需要测量，其实，不仅如此，测量既是数学发展的推动力量，也与科学技术的进步相得益彰。可以想象一下：假如没有测量，世界能发展成今天这个样子吗？如果没有测量，不要说卫星上天这些高精尖的科学技术，就是造一条平坦的马路似乎都不可能！

那么测量的本质是什么呢？测量的本质就是与标准尺进行比较。几个长度的公测量就是这几个数的公因数，1是任何自然数的公因数，把单位长度设为1，可以使得测量结果的表示最为容易。没有想到吧，测量单位的设计与公因数有密切的联系。理解这些数学知识的内在逻辑联系，可以帮助我们更加深入地理解数学。如果学生也了解这些知识，他们将会更加喜欢数学。

我们生活的世界丰富多彩，生活生产实践中测量的物体也是各色各样。不同物体的长度测量有什么共同点呢？物体长度的本质是线段长度，把长度定义为线段两个端点之间的距离，是为了使两点之间的长度唯一。长度单位的进率与十进制记数法规则一致，使得长度单位的换算与计算更加便捷。与其他数学设计一样，长度单位与进率的设计，也是数学内部和谐选择的结果，是数学公理化思想与严谨性特点的重要体现。

1.1 几何学起源于图形测量

为什么说几何学源于图形测量呢？这是因为图形与数量一样，都是人们在日常生活和生产实践中遇到的最为本源的数学对象。测量联系着图形与数量，是重要的数学实践。但是，使图形成为数学研究对象真正动力的，还是土地测量等生产实践。（史宁中，2009）或许生活在现代都市的人们，如果不是从事某种与土地测量相关的工作，就很难体会测量土地是重要的活动，更不能理解测量土地会成为几何学的起源。但是，如果时光能倒流，让我们穿越到古代，就比较容易理解了。一般认为，几何学起源于古埃及，这是因为周期出现的尼罗河泛滥常常冲毁人们赖以生存的土地，洪水退去之后，人们就需要对土地进行重新划分，这样就有了最早的土地测量。几何学起源于图形大小的测量。因此，埃及的几何学家有时被称作"拉绳者"，或者叫测量员。现在看来，测量是一项简单的活动，可是在古埃及，测量土地是一项技术含量很高的活动，测量土地的人甚至能被称为几何学家，简直有些不可思议！

> **思 考**
>
> 为什么测量在古埃及是技术含量很高的活动？那时测量长度可能遇到的困难是什么？

为什么说测量推动了数学的发展？

长度测量发展的历史源远流长，数学史家推测，只有当人类有了改造自然的愿望与需求时，才会产生测量的需求。测量在数学发展中的推动作用，主要体现在数概念的扩展中，除此之外，测量对于形的发展也功不可没。

早在公元前500年，毕达哥拉斯就对自然数进行了多方面研究，提出了"万物皆可数"的理念，并且强调，任何两条几何线段都是可以公度的，它们的比都可以用分数来表示。当时，人们对数的认识局限在有理数范围内。可是，当毕达哥拉斯学派的成员无意间研究正方形对角线时，很快就陷入了困境，发现边长为1的正方形对角线长度，既不能用整数表示，也不能用分数表示。也就是说，在数轴上存在着不与任何有理数对应的点。这在当时引起了人们心理上极大的震惊，因为它直接动摇了毕达哥拉斯学派的数学信仰，从而引发了西方数学史上一场巨大风波，史称"第一次数学危机"。（郭龙先，2011）这次危机在数学发展史上具有里程碑式的意义，由此发明了无理数。无理数的发现，扩展了数学的研究对象，数学的触角从此伸向了一个前所未有的领域。

在小学数学教学中，通常利用测量长度的活动引入分数的认识，这种活动的目的就是让学生体会测量推动了数概念的扩展——由正整数扩展到分数，尽管不能确定测量是分数产生的本源，但是通过这样的教学展示分数产生的必要性，彰显了数学文化。

> **思 考**
>
> 数学的发现不计其数，为什么无理数的发现具有里程碑式的意义？如果现在人类对数的认识还局限于有理数，即使是小学数学中，哪些知识将变得不可思议？（提示：在一定意义上，数概念的扩展是数学发展的主线，如果数概念局限于有理数，数学就可能是"孤独的小苗"，而不可能长成今天的"参天大树"）

古代的数学问题大都与图形的测量相关，测量也推动了形的发展。以我国古代的数学名著《九章算术》为例，这一著作大约成书于公元1世纪，它汇总了我国先秦至汉代的数学知识，代表了东方数学的最高成就。（梁宗巨，2005）。《九章算术》全书共列九章，是一部名副其实的数学问题集，以算术和代数为主。其中，第一章是"方田"，主要讲述几何图形面积的计算方法；第四章是"少广"，包括已知矩形面积求一边之长等问题。这些内容都与几何图形的大小测量息息相关，是两千年来我国数学教育的重要内容。

图形的属性包括度量属性与非度量属性，度量属性主要是指长度、面积（或体积）、角度，非度量属性主要是指拓扑变换等。在小学数学中，主要研究图形的度量属性。根据图形的维数，用长度表示一维图形的大小，用面积和体积分别表示二维图形和三维图形的大小。其中，线段长度不仅是一切测量的出发点，而且直接推动了数学的发展。

> **思考**
>
> 为什么把线段长度测量作为一切测量的出发点？它与面积、体积的测量有什么关系？（提示：面积与体积的测量以长度的测量作为基础，以长方体的体积为例，得到计算的公式之后，只要测量出它的长、宽、高，就可以算出体积）

为什么说测量与科技进步与时俱进？

测量不仅直接推动了数学的发展，作为一项重要的技术，它还与科学发展与时俱进。人类并不是一开始就懂得确定长度单位是十分重要的，如果说统一长度单位对测量来说是黎明的曙光，那么人类在黑暗中摸索了很长的时间。为了找到合理的测量单位，人们进行了大量的研究。在古代，人们常用身体的某一部分作为长度单位。例如，英国国王亨利一世用自己的鼻尖到手伸直时大拇指的跨度作为长度单位，叫作码；俄罗斯人曾用拇指与食指伸开之间的距离作为长度单位，叫作拃。（沙雷金，2001）[41]为什么要选择身体的某个部分作为长度单位呢？因为这些测量单位来自于一眼看得见的寻常物件，使用起来十分方便，即使用现代人的思维，也能理解这些测量工具在不同文化中流行是自然而然的。

> **思考**
>
> 方便是相对而言的，那么使用上述这些长度单位有什么不方便？

可是，在公元1800年左右，法国人将地球子午圈的四千分之一作为长度单位，称为1米。法国人根据地球周长创立了米制体系，这是一个重要的进步！因为地球和一把尺子的大小差别如此之大，琢磨或捏造出两者之间的一个合适比例是不容易的，有趣的是，那时法国人把地球的周长搞错了。

不过，人类探索精确长度单位的步伐从来没有停止过。1872年，在法国巴黎召开了世界长度会议，决定制造"米原型尺"作为长度单位的标准。1983年，第17届国际计量大会通过了光速米的定义，根据光束在真空中传播的速度为每秒299792458米，就把1米定义为光在1/299792458秒时间内在真空中所传播的距离。（范文贵，2011）[190] 可以想象，仅就这个时间的精度，对测量技术的要求就足以让人感到震惊了。从这里可以看出，确定长度单位与定义其他数学概念不一样，不只是要符合数学逻辑，还依赖于科学技术。你是不是又一次体会到数学与科学相依为命了呢？

> **思考**
>
> 用光速定义米有什么好处？

精准的测量得益于科学技术的发展，反过来，测量技术也对科学发展做出了独特的贡献。例如，我国发射的"神九"航天器在高空中与"天宫一号"对接，如果没有精准的时间和距离测量作为基础，这项任务是绝对不可能完成的。相信现在，你对测量的作用有更多的理解了吧。

> **思考**
>
> 通过阅读这一节，你对测量有了哪些新的认识与理解？

1.2 长度定义的唯一性

测量与人们的日常生活和工农业生产息息相关，在小学数学课程中，主要学习与日常生活联系最密切的时间测量、质量测量以及简单几何图形的测量等。其中，简单几何图形的测量包括长度、面积与体积的测量，这里主要讨论长度的测量，并介绍相关的背景知识。

> **思考**
>
> 长度测量与面积、体积测量有什么联系？

为什么说长度定义只是经验的描述？

什么是长度呢？简单地说，长度是线段两端之间的距离。理解这个定义需要注意两个方面。第一，这里所指的长度，本质上是线段长度，即用它含有单位长线段的数量来表示。第二，在小学数学里，距离是没有经过严格定义的。《现代汉语词典》对"距离"有两种解释：一是指"在空间或时间上相隔"，二是指"相隔的长度"。这里用距离定义长度，而距离又是"间隔的长度"，显然它不是一个严格的逻辑定义，甚至有循环定义之嫌。因此，这个定义只是经验性的描述。（张奠宙 等，2009）[144-145]

小学数学课程中没有明确给出长度的定义。其实，与学习测量长度的技能相比，这个定义本身并不是十分重要。学生只要理解了线段的概念，掌握了测量线段的技能，理解长度的概念就没有什么困难了。此外，在小学数学中，有许多类似于长度这样的概念，与生活经验是相一致的，给出严格定义比较困难，有了描述性的表达大家都能大体理解。

> **思 考**
>
> 在小学数学中，有些概念的定义是严格的逻辑定义，如分数；有些概念的定义是描述性的，如小数。找出几个数学概念，想一想这些概念在小学数学中是描述性的还是严格的。

为什么用线段长度定义两点间的距离？

用线段长度来定义两点之间的距离，是为了保证两点之间距离是确定的，且是唯一的。两点确定一条直线，这里所说的"确定"究竟是什么意思呢？这里所说的确定，不仅仅方向唯一，而且两点之间的距离（即线段的长度）也是唯一的。这个问题也可以反过来理解，如果不是用线段来定义长度，那么两点之间的连线可以有很多条，有的是直线，有的是曲线或折线，并且它们的长度往往是不相同的，唯有线段的长度是确定的，并且也是最短的。

> **小贴士**
>
> 反过来理解，是思考问题的一种重要的方式。数学中有一种证明的方法叫作反证法，是证明诸多难题广泛采用的重要方法。如证明$\sqrt{2}$是无理数、素数的个数是无限的等，都采用了反证法。

更为一般的，和许多定理与法则一样，选择线段来定义长度，是数学内部和谐选择的结果，是数学公理化思想与严谨性的重要体现。试想，如果两点之间的距离不确定且不唯一，结果将会怎样呢？与线段长度相关的概念有很多，如三角形的高，它是这样描述的：从顶点出发向对边作垂线，顶点到垂足之间的距离叫作三角形的高。在这个概念描述中，有许多关键词，如从顶点出发、垂直等。这些关键词可以看作是概念的限制条件，在概念中加进这些限制条件，是为了使三角形指定边上的高是唯一的。如果一个三角形某边上的高有很多条，它们的长度各不相同，那么面积怎么计算呢？

从上面的例子中可以看出，人类选择线段来定义两点之间的距离是十分明智的，它确保了两点之间距离的唯一性，给定义其他相关的数学概念提供了方便，并且不至于出现逻辑上的矛盾。

> **小贴士**
>
> 概念的唯一性在逻辑中是指定义项与被定义项等价，也就是概念的内涵与外延统一。如果一个概念定义的内涵与外延不统一，这个定义就是错误的。如把四条边相等的四边形定义为正方形，这里的被定义项是正方形，但定义项描述的还有菱形，菱形不一定是正方形，因此这个正方形的定义是错误的。

测量和度量是同一个意思吗？

在日常生活中，或许并不在意测量和度量这两个概念的区分，甚至存在着混用的现象，但事实上，测量和度量既有联系也有区别。用量具或仪器来测定物体的尺寸、角度、几何形状，用仪表测定各种物理量，都称为测量。与度量相比较，测量具有更加广泛的意义，如可以说测量面积，而一般不说度量面积。换个角度，也可以这样来理解：度量主要是指向长度与容积，而测量是一个更加广泛、更加综合的活动。此外，度量的度和量分别有特定的含义，度是计量长短，量是计量容积。

> 思考
>
> 如果用两个集合圈来表示测量与度量,那么这两个概念是属于下列的哪种关系?

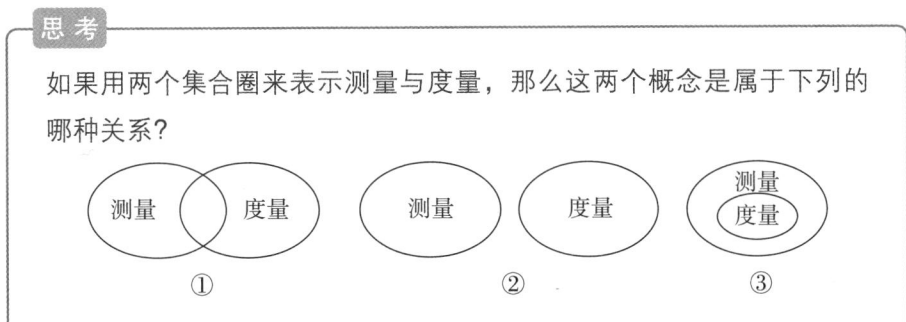

测量活动的基本性质有哪些?

一般来说,测量活动包含以下 5 种基本性质。(刘晓玫,2005)

①标记。所有测量活动都包含"用数字标记物体特征"的动作。例如,在测量一根铅笔长度后,可以说"这一根铅笔长 12 厘米",这里用 12 来标记这根铅笔的长度特征。

②比较。对不同物体进行同一属性测量活动后都包含"比较"的动作。如果是对长度进行比较,便会得到"线段 AB 比线段 CD 长"或"线段 AB 比线段 CD 短"的结论。

③相等。当测量后发现两个物体等长时,标记这两个物体的长度也应相等。如小明与小华的身高一样,如果小明是 127 厘米,那么小华也是 127 厘米。

④单位复制。各种测量都有一个"基本单位",在测量过程中,通过复制的方式来表示测量物体是由多少个这样的基本单位构成的。如以 1 厘米作为长度单位,10 厘米长的物体本质上就是把 1 厘米长复制 10 次量出的。

⑤可加性。两个物体的长度可以进行加减运算。如同一条直线上的线段 AB 与线段 BC 相加的结果就是线段 AC,即 $AB + BC = AC$ 或 $AC - AB = BC$,如图 1-1。

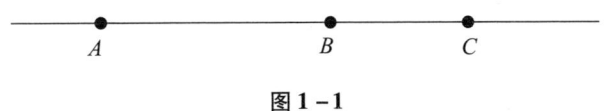

图 1-1

1.3 比较是测量的基础

测量意味着与标准尺相比较（沙雷金，2001）[42]，测量的基本性质之一是比较。测量是以比较作为基础的，也就是说，没有比较就没有测量。有时，测量也是为了比较的需要。

> **思考**
>
> 测量中的比较体现在哪些方面？在对一个物体的长度进行测量时，比较指的是谁与谁比？你可以简要地记录你的想法，之后还将展开对这个问题的讨论，到时可以看看你写下的答案是否正确。

为什么说学习测量是重要的？

测量的重要性不言而喻，如果说在当代社会没有测量就没有生活，一定不是危言耸听，只要你愿意去联系，生活中的许多事情都离不开测量。测量也是一项重要的生活技能，长度测量更是应用广泛。如了解自己的身高、裤子的长度、鞋子的号码等都需要用到长度测量。在平时的居家生活中，或许你并不总是拿把尺子东量西量的，甚至家里连把尺子都没有，那是因为你已经记住了这些长度，或是别人已经替你测量了。

即使不是因为生活需要，学习长度测量也是很有意义的，因为学习长度测量的同时，也提供了学习和应用其他数学知识的机会。如测量结果不能用整数来表示时，小数就可以粉墨登场了。此外，测量还与数的运算、几何概念、统计概念、函数概念等有联系。以统计概念为例，对全班同学的身高进行测量，计算全班同学的平均身高，就是一个现实且有意义的活动。测量突出了数学知识内部的联系，同时也强调了数学学科与其他学科的联系。

> **思考**
>
> 你能说出测量与几何概念的联系吗？长方形对边平行且相等，这样的图形特征是否与长度测量有关系呢？

物体的可测量特性是什么意思？

物体具有可测量的属性，这些可测量的属性使得对物体进行量化成为可能。一个物体可测量的属性可能不止一种，随着学生学习逐渐深入，他们学到的物体能够测量的属性逐步增加。一本数学书可测量的属性就有很多，如书的长与宽、封面面积、质量、纸张密度等，甚至页码也可视为一种测量。许多物体都有多个可测量的属性，人们可以根据实际需要做出选择。

意识到物体可测量的特性是学习测量概念的第一步。儿童在生活中就认识了物体可测量的特性。例如，我们常说的"喝一杯水"就用到了测量，这里的测量单位是杯。再如，把铅笔放在方格纸上，铅笔有 10 格长，也是一种测量。不同的是，前者测量的单位是杯，后者测量的单位是正方形格子。

从上面的例子也可以看出，学生并不是认识了厘米之后才开始学习长度测量的。事实上，在他们的生活中，可能很早就开始运用测量，甚至两个人站在一起比谁长得高，也可以看作是一个测量活动，只是这时采用的并不是"标准尺"，而是以其中一个人的身高为参照。

> **思 考**
>
> 寻找身边的一样物品，如鞋子，说一说它有哪些可测量的属性，测量这些属性分别有什么意义。

测量要考虑的基本问题有哪些？

有了长度单位之后，测量线段的长度就可以用这个单位加以衡量了，这个单位就是比较的标准，也可以说成是参照。如要测量线段 AB，可选取线段 a 作为长度单位，用线段 a 去截取线段 AB，如果截了 b 次正好截完，就可以说线段 AB 的长度是 b 个 a。不过这是一种理想的描述，在实际测量中，要考虑的问题比这个理想的描述要复杂得多。比如，a 的长度如何选，即怎样选择合适的长度单位；如果测量结果不正好是 b 个怎么办，即测量的结果如何表示，等等。

测量的结果有几种可能的情况？

依据测量单位与物体长度之间的关系，测量的结果有三种可能的情况。

第一种，以线段 a 作为长度单位去截取线段 AB，截取 n 次后，正好截完，没有剩余，即 $AB = na$，就可以说线段 AB 的长度是 n，单位是 a。

第二种，如果用线段 b 作为长度单位去截取线段 AB，n 次后还剩下比 b 短的一段。为了进一步测量，可以把 b 分为 10 等份，以其中的一份作为新的测量单位，再来测量剩余的部分。以此类推，如果上述过程在若干次测量后恰好量完而没有剩余，就可以得到一个精确到小数点以后某一位的"有理数"，这个"数"就是线段 AB 的长度。如果测量过程是无限的，且小数部分是无限循环小数，那么，其长度当然也是有理数。

第三种情况，就是测量的结果是无限不循环小数，即无理数。如以正方形边长去测量它的对角线长度，就会陷入永无止境且没有循环的烦恼中。

在实际的测量活动中，前面两种情况是经常遇到的，而第三种情况存在于理性的思考中。理性思考在数学发展中是不可替代的重要力量。

> **思考**
>
> 为什么分数等价于有理数？如果分子不能被分母整除，一定会出现循环吗？

为什么说比较是测量的基础？

测量意味着与标准尺相比较，比较是测量的基础，可以说，没有比较就没有测量。比较为测量提供了经验基础，也为测量提出了现实需求。

什么是比较呢？比较就是根据某些具体特征或属性，在两个或两组物品间建立大小关系。理论上，这个标准尺是可以自由选定的，而且因为选择了不同的标准尺，比较得到的结果也不相同。比如让迪迪、聪聪、强强站到一起比身高，如果说迪迪比聪聪高，这是以聪聪作为比较标准的，如果说迪迪比强强矮，这是以强强作为比较标准的。由于标准不一样，对结论的描述也不相同，一个是高，一个是矮。像这样的比较，是非正式测量。

如果说迪迪的身高是 1.78 米，聪聪的身高是 1.67 米，都以固定标准尺中的米作为单位,那么,即使这两个人没有站到一起,也能比较高矮了。而且由于选择的标准尺相同,实际的比较只要看数量中数的大小就可以了。如果说站在一起比较高矮是直接比较,那么这种用标准尺测量的比较是间接比较。选择哪种方式比较,需要根据具体的工具条件与结论要求来决定。

> **小贴士**
>
> 比较关注的是物体的相同属性,不同的属性不能比较。比如比较一个人的身高与另一个人的体重就没有意义。数学以其自身的抽象性克服了物体属性在比较中带来的障碍,如在直觉中2粒米与2头牛绝对是不一样的,但数学把这两者都抽象为"2"这个数,就可以说它们在数量上是一样的。

什么叫作测量中的间接比较?

许多物体都可以放在一起进行长度比较,如教室里窗户的宽度和门的高度。人们可以根据直觉进行判断,但是要肯定判断的正确性,就需要用第三个物体对二者进行间接比较,如用一根绳子或者木棍比较窗户的宽度与门的高度,如图1-2。

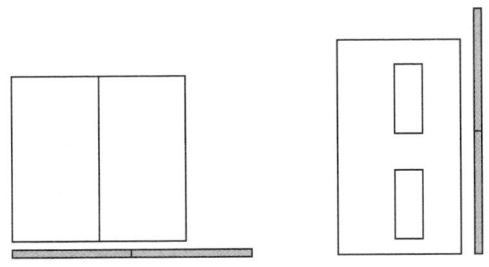

图1-2

这个间接比较的方法也只能得出一个大概的判断,并不能得到精确的结果,解决办法是选择更小的单位来作比较。从这里也可以看出,在间接比较中,尺子成了责无旁贷的替代品。

与间接比较相似但也有区别的一个概念就是间接测量,如图1-3中测量圆的直径,采用的就是一种间接测量的方法,以同时垂直于直尺的两条垂线之间的距离取代圆的直径来测量。

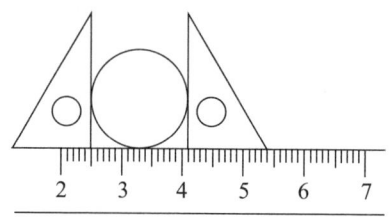

图1-3

此外，更广泛的意义上，也可以把运用公式进行计算看作是间接测量。如测量一棵生长着的树的树干的直径，可以测量树干的周长，再通过公式计算出它的直径。这不仅是间接测量的一个例子，同时也体现了数学公式在解决实际问题中的价值。

> **小贴士**
>
> 用公式计算最重要的好处在于方便。如圆形物体的周长是一条曲线，测量不方便，但测量它的直径往往是比较方便的，根据直径与周长之间的关系，可以方便地计算圆的周长。这样看来，公式是不是一把很好的"尺子"呢？

为什么说测量为比较提供了方便？

测量是将事物的属性进行量化，赋予事物一个数，从而可以在同一维度上比较事物。所谓的同一维度又是什么意思呢？可以理解为舍弃物理属性之后留下的度量属性，是抽象的结果。前面已经谈到，比较是测量的基础，事实上测量也为比较提供了方便。如果两个事物比较，测量的单位是一样的，那么比较它们的大小，只要比较单位前面的数就可以了，这样，数量的比较就统一到数的大小比较这个维度上来了。

> **思考**
>
> 把数量的比较统一到数的大小比较上，如果把数量比作被测量物体的长度，那么测量用的"尺子"实际上就是自然数列。如果这样，那么这把尺子的单位长度又是什么呢？

相反，如果没有测量，许多东西就很难比较，或者不方便表达。如装修房屋时，打算在狭窄的卫生间里摆上一台洗衣机，买多大尺寸的合适呢？这时需要比较预留的空间与洗衣机的大小。一般不需要把洗衣机先搬回来摆摆看，测量为比较提供了方便。只要量得预留空间的大小，就可以挑选合适尺寸的洗衣机了。

在上面的例子中，度量得到的数据成了比较的替代物，抽象在其中发挥着重要的作用。数学就像无名英雄那样，在生活与生产中默默无闻地贡献自己的力量。

> **小贴士**
>
> 把物体的大小比较归结为数的大小比较，数的大小比较就成了一个被广泛应用的工具。数学的抽象性与应用的广泛性是紧密地联系在一起的，抽象为数学注入了生命的活力，并在广泛的应用中体现出它的重要价值。

1.4 量的本质是测量结果

测量是指出某个物体具有多少个单位的某种属性，测量的结果常常以数量来表示，换句话说，量是测量的结果。生活中的量分为离散量与连续量。

> **思 考**
>
> 你怎么理解离散量和连续量？长度是离散量还是连续量？

📐 什么是数量？

测量结果常常以数量来表示。什么是数量呢？可能由于数数与测量是最原始的数学活动，数量原初的意义是指事物的多少与长短。现在，这个意义已经有了扩展，数量通常被理解为数与单位的组合，如 5 米、3.8 千克等都是数量。数量有时也称为量。一个数量总是带一个测量单位，如"20厘米"包含两个元素：一是测量数20，二是测量单位厘米。简单地说，数量就是数与量的合成。

> **思考**
>
> 数量也有性质，如相同单位的数量可以进行加减，但数量的加减运算并不改变它的性质；有些关联的数量也可以进行乘除运算，但是经过运算之后数量的性质往往发生变化。你能举出例子吗？如果想不出来，可以想想小学中学习了哪些复合单位。

📏 长度有哪些运算的特性？

运算特性是数量的重要特点，长度的运算特性包括可以转化和实施加法、减法和乘法运算。

测量数和测量单位是密切联系的，随着测量单位的变化，相应的测量数也会发生变化，如把20厘米的量改成以米为测量单位，就表示成0.20米，这就是数量的转化。数量的转化一直是小学数学课程中的内容，学习数量的转化，不只是解决生活问题和数学问题的需要，而且也联系了数的运算等多方面的知识。

数量不仅可以转化，还可以进行运算。相同单位的数量可以直接相加减，如20厘米+30厘米=50厘米。但20毫米与30厘米两个数量相加，就不能直接在20与30这两个数上实施运算。不同单位的数量进行加减，需要先转化为相同单位的数量。相同单位的数量可以直接相加减，这与数的加减运算要把相同数位对齐道理是一样的，本质上都是相同计数单位上的数相加减。长度数量相加减，只表明数量的增加或减少，并不产生新的数学意义。有趣的是，长度还可以实施乘法运算，而且相乘会产生新的数学意义，如长方形的长与宽相乘的积就是它的面积，两个长度相乘竟然产生了一个新意义。

> **思考**
>
> 三个长度相乘是否也有新的数学意义呢？如果有，它是什么？

数和量有什么联系与区别?

数学中有很多带有量的术语,如常量、变量、向量等,虽然它们不能像数数那样数出来,但实际上量是广义的数或数的推广。从量的语义来讲,量(liàng)来源于量(liáng),量(liàng)是量(liáng)的结果,正如数(shù)来源于数(shǔ),数(shù)是数(shǔ)的结果一样。如果量的结果都可以用自然数来表示,我们就没有必要把自然数进行推广了。(胡作玄,2008)数与量联系密切,区别也很明显,量是数量的简称,是数与量的复合,也就是说,它不仅仅是一个数,还必须有一个单位。

亚里士多德对数与量作了严格的区分,他把数量理解为抽象的数与连续的量。抽象的数是容易理解的,任何一个数概念都是抽象的,连续的量是指线、面、体和时间等。数和量的不同之处在于,量可以被分成有限可分割的部分,而数的基础是不可再分的单元,也就是说,量只能由可分的元素组成,而数是由不可分元素组成的。(KATZ,2004)[47]。这是数与量的又一个重要区别。

> **小贴士**
>
> 如果只有数而没有量,不仅不能刻画这个多元的世界,甚至会造成混乱。用数与量相结合的方法来描述现实世界,在抽象与形象之间取得了某种平衡。

什么是度量的数?

数概念可以分成计数的数、数量的数、度量的数和计算的数。

用一个单位去量一个量,可以像用勺子一次次地舀空装满水的容器那样去量,这时常常要用到单位的倍数。为了方便地度量长度,人们就在直尺上预先标上单位刻度。但对度量来说,单位的线性排列不是本质性的。例如,面积可以用单位面积按不同的次序去量。如果不能完全量尽,那么就形成一个带余除法,或者是将单位等分,产生了分数。度量的数在有理数范围中得到形式化,并由此通过无限过程而得到实数。

> **思考**
>
> 在不能完全量尽的时候,如果没有创造新的度量单位,结果只能用带余除法来表示。如果创造了新的度量单位,结果可以怎样表示呢?

⊔ 长度是连续量还是离散量?

现实生活中,既要数单个的对象,也要测量像长度、时间、质量这样的量。数数是最自然的数学活动,根据能不能一个个数的属性,可以把量分为两类:一类是相互分离,可以一个个数出来的,叫作离散量;另一类是能自由地分开和结合,不能一个个数出来的,叫作连续量。(远山启,2010)[19]

长度、面积、体积等都是连续量。但是,对一个物体来说,离散量与连续量的区分不是绝对的,而是可以转化的。像苹果可以数出个数来,它就是离散量,而把苹果榨汁,不能数出个数来,它就成了连续量。

> **思考**
>
> 在人类历史中,先有离散量还是先有连续量呢?

在人类社会发展的过程中,先有离散量,之后才有连续量。在远古时代,人类主要靠摘取树木的果实和猎取野兽来维持生活,只数离散量就足够了,在这个阶段,只需要像1,2,3,…这样的自然数就行了。后来,随着农业和畜牧业的发展,集体活动兴盛起来,就产生了分割连续量的需求。例如,把7只鹿的肉分成10份,或者需要用鹿肉去交换其他东西的时候,就自然产生了分割连续量的问题。

数产生于计数和测量,自然数是在原始计数方式中产生的,即被计数的事物是以"个"而论的。因此,自然数是离散量的数学模型,它是不可分解的。但是对长度、面积、时间等的测量却不一样,一般都是可以分解的。对长度进行分解,可以用更小的单位来表示,并不会改变对所要计量事物的那些主要规定。进一步说,理论上,从一个物体中截下一段也是可以测量的,分解与合成都不影响其计量性质和意义。因此,长度是连续量。离散是跳跃性的,而连续则是延绵性的。

> **思考**
>
> 在一年级计数教学中,应当先学习离散量的计数,还是先学习连续量的计数?为什么?

怎样表示连续量?

对于离散量的表示方法,人们再熟悉不过了,如三只小狗,可以画三个〇来表示,但对于3米长的绳子,这样表示显然并不合适,表示连续量必须考虑其他方法。法国数学家笛卡尔首先想到了用直线的长度来表示所有的连续量,这个想法在当时被认为是很大胆的。的确,用长度来表示的话,连续量所具有的重要特性就会鲜明地表达出来。

首先可以把一条线段作任意的分割,不论多少都能进行分割;其次是能自由地结合到一起,两条线段相加就是把一条线段延长;再次也很容易比较大小,只要把两条线段的一端对齐后看另一端的位置就可以了。因此,甚至有人说,笛卡尔"把全部的连续量用长度来表示"的原则,实际上是一项伟大的发现。数学家把各式各样的量转化为最容易考虑的长度,它就像世界语一样,具有作为连续量的通用语言的作用。(远山启,2010)现在看来,用线段表示连续量可能算不上是重要的发明,我们在人类的文明上坐享其成,已经很难体会这个发明是一个伟大的创举了。

为什么说数数是测量连续量的基础?

数数是最简单的数学活动,也是最重要的。想一想,数数是怎么数的?是一个一个接着往下数的。这个再简单不过的数学活动,蕴含着许多深刻的数学道理。一个一个往下数就是找自然数的后继,自然数是用加1来定义它的后继的。

> **小贴士**
>
> 可以参照佩(皮)亚诺公理,了解自然数的公理化定义。(张奠宙等,2009)[37]

通常情况下,对离散量要数数,对连续量要测量。进一步说,两个离散量的大小是可以直接进行比较的，比较时只要分别数出两个离散量，这样就把量的比较转化为了数的大小比较。但是，比较不可数的连续量，则需要先进行测量，再把测量的数量进行比较。要自如测量能任意细分的连续量，常常会遇到自然数不够用的情况，这时就需要扩展数的范围。这个问题在后面还会详细讨论。

> **思考**
>
> 对连续量的测量是先分割成离散量，最后的结果用连续量表示。这是为什么呢？

测量一个连续量，首先要选定一个单位，如用步幅来测量一段路的长度，就是从路长中扣除每一步的步幅，直到剩下零头为止。如果说扣除了 100 次，路的长度就是 100 步。这样实际上就是把连续量的道路长度分割为步幅，即把连续量变成了离散量。从这样的角度来看，连续量的测量是先转化为离散量，再归结到数数虽然简单却上来。因此，测量连续量是以数离散量的方法为基础的，所以说数数虽然简单却最重要。

1.5 统一单位的意义

如果只是一次单独的测量活动，并且对测量的精度要求不高，那么长度单位的选择就不那么重要了。人类意识到统一单位的重要性经历了很长时间，确定以米作为长度的主单位，更是一个漫长的过程。长度单位的选择不仅十分重要，而且极其复杂并充满智慧。

> **思考**
>
> 如果你到了另外一个星球,并且在长途旅行中由于某种原因完全忘却了在地球上所学的所有数学知识,现在你需要在这个星球上开启新生活,其中有一项就是要设计一个测量长度的单位,你认为下面哪些工作是重要的?
> ① 确定一个长度作为主单位;
> ② 设计一些派生的单位并明确它们与主单位之间的关系;
> ③ 让所有生活在这个星球上的人都使用这些单位。

什么是长度单位?

理解长度单位,首先要理解它的上位概念——单位。《现代汉语词典》对"单位"的解释是:计量事物的标准量的名称。在测量中,以同类量的某定量为基准量,测定已知量相当于基准量的多少倍,该基准量称为单位。如厘米是计量长度的单位,克是计量质量的单位,秒是计量时间的单位。作为数学的例子,还可以说1是自然数的单位,分子为1的分数是分数的单位。

在测量线段的长度时,需要选定某一线段作为测量标准,并规定其长度为1,称这条线段为长度单位。长度单位有很多,主单位是米,其余都是派生的单位。测量时,根据实际需要选择合适的长度单位。如测量跑道的长度用米作单位,测量两个城市之间的距离用千米作单位,而测量跳远的距离用厘米作单位,等等。

> **小贴士**
>
> 长度单位的设计与选择至少包含了两个方面:从数学内部考虑,主要是公因数问题;从数学外部考虑,主要是单位大小的问题。

> **思考**
>
> 在人类历史上,是先有较大的长度单位如千米,还是先有较小的长度单位如米,你是怎样思考这个问题的?它与人类的活动范围与改造自然的能力发展有关系吗?

中国最早的尺是怎样的?

目前能见到的中国最早的长度标尺,是河南省安阳市郊殷墟出土的"商尺",这把商尺是用野兽骨磨制而成的,长度相当于现在的0.51市尺,折合为16.95厘米,约17厘米,上面刻着10个单位。

可以考证的是,在早期的测量中,人们常常用身体的某个部分作为尺子来使用,这些身体的部分成为临时测量单位(MARTIN, 2004)[206-207],如图1-4。

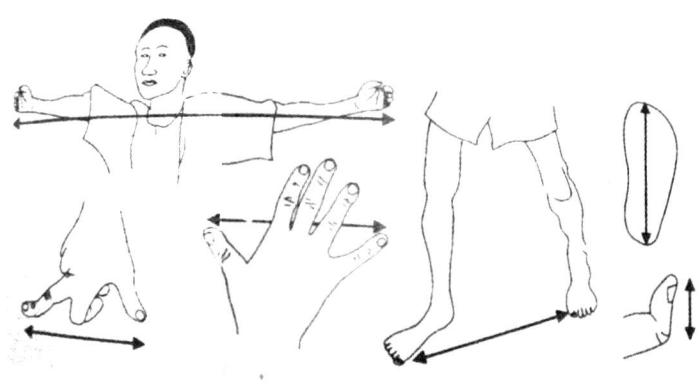

图1-4

用现在的眼光来看,这些尺子或单位既不准确也不固定,似乎有些可笑,但事实上,它们都曾经发挥了重要的历史作用,与古代的测量体系有着紧密的联系。即使现在,如果对测量结果的准确性要求不高,人们也常常使用这些"尺子"或"单位",因为它们的方便性超越任何一把真正的尺子。

> **思 考**
> 选择一个合适的长度测量工具要考虑哪些方面的问题?

为什么统一长度单位是重要的?

长度单位的选择与确定,需要放在统一测量单位重要性的背景中来考虑。在古代，不同的国家在不同时期都采用过不同的长度测量单位，这给人们交流带来了很大的障碍。现在，国际标准的长度单位是米，全世界的1米长度都是一样的，我们已经很难体会到单位不同带来的麻烦。不过，只要看看其他一些例子，就有体会了。比如，中国的火车不能直接开到邻近的友好国家俄罗斯去，一个重要的原因就是中国的铁轨宽度是1.435米，俄罗斯的铁轨宽度是1.524米，所以两国之间的国际列车必须换车轮才能继续行使。再如，世界许多国家的货币都没有统一起来，一个国家的公民到另一个国家去旅游，不可缺少的一件事情就是兑换钱币，即使是刷卡消费，也免不了换算的过程，只不过这个过程是由电脑完成的。

甚至有人说，如果长度单位没有统一起来，世界的发达程度一定到不了今天这个水平，生活在地球上的人们就不可能享受现代文明成果。一个数学上的小进步，带来了世界文明发展的一大步！不过，或许当初谁也没有想到，数学上的这个小进步竟然会带来如此深远的影响。

> **思考**
>
> 生活中你遇到过单位不统一带来的不便吗？没有长度单位的统一就不可能有发达的世界，有人说这是危言耸听，你觉得呢？

公制测量是如何产生的？

起初的单位是多样化的，不同地域、不同人群往往使用不同的"尺"、"寸"。建立公制测量系统是为了进行有意义的交流。人类在自己的历史中发明了大量可能的单位，并且每一个民族都有自己的单位，这些单位常常与人本身联系着。随着手工业和商业的发展，需要固定的东西来决定国际单位，这就是公制测量系统产生的本源。

公制单位出现于法国大革命时代，是为了满足日益频繁的商业活动和科学研究的需求而设立的。公制单位在早期有两个重要原则：一是用十进制以方便计算，特别是所有的单位都采用十进制，给单位的换算也带来了方便；二是要以一般人普遍可接受的单位作为基本单位，通过逻辑演算导出其他单位来。如以1米为基本单位，平均分成10份，1份就是1分米，再把1分米平均分成10份，1份就是1厘米。相反，把10个1厘米聚合起来就是 1 分米，把 10 个 1 分米聚合起来就是 1 米。由于单位和单位之间的进率被固定下来，使得测量与交流变得方便且有意义。数学家真是聪明，在设计单位的时候就瞻前顾后，考虑得这么周全。但这一定不是某个数学家或某个特定时代的产物，而是人类长期经验与反思、选择与调整的结果。

> **思考**
>
> 如果长度单位的换算并没有采用自然数的十进制，会有哪些麻烦？思考这个问题时，可以想想时间单位的换算。

1795 年，法国建立了强制性的新单位，在全国实施公制。继法国后，在 19 世纪前半叶，公制已被意大利、荷兰及西班牙所使用。1880 年左右，公制被 17 个国家列为官方制度，之后逐步推广应用。如前所述，公制单位的确立是社会发展进步的标志之一。可以毫不夸张地说，如果没有统一的公制单位，世界的科学技术不可能发展到今天这个程度，人类社会的进步与文明可能会被推迟很长时间。如同马克思称赞"十进制记数法是人类最美妙的发明之一"一样，公制单位的建立也是人类进步与文明的标志性事件。

> **小贴士**
>
> 或许只有把建立长度的公制单位与十进制记数法联系起来思考，才能真正理解马克思对创造十进制记数法的高度评价。但是，这一定不是某个人突发奇想创造出来的，而是在多种进制中选择的结果。可以这样理解，多种记数法并存的格局延续了很长一段时间，而十进制记数法在竞争中获得了胜利，它遵循了大自然的"优胜劣汰"的基本法则。

对长度单位的理解，应当包括概念的含义与规则。所谓含义，就是这个概念是什么，而规则是指这个概念与其他概念之间的联系。不同国家的语言对长度单位"米"的表述是不同的，这也就是说，概念的名称本身并不十分重要，重要的是规则，即任何一个使用公制长度单位的国家，都采用了相同的进率关系。

通用的公制测量系统有什么好处?

国际上通用的公制测量系统,规定两个单位之间是一种整数关系,它具有简单和一致的内部结构,每一个单位与相邻单位总是 10 的关系。值得注意的是,过去我们所使用的单位并不都符合这个规则,或者说,两个单位之间的关系可能很复杂。如学生自己选择测量工具,测得桌子的长是 5 支铅笔加 3 个回形针的长度,这时就需要知道铅笔的长度与回形针的换算关系,可能是 3.7 个回形针=1 支铅笔。实际上,不仅我们使用单位,其他人也使用单位,只有把大家使用的单位统一起来,才能进行精确的、有意义的测量与交流。

再次强调,测量单位的建立和统一既是历史的沉淀,也是现实生活所需,是人类文明与进步的结果。

> **小贴士**
>
> 教学长度单位时,让学生经历测量的操作活动,体会统一度量单位的必要性,是很重要的。一些教学中往往只是关注测量得到的结果不一样,而没有深入地讨论单位不统一给换算带来的不便,这样学生的体验其实是不充分的。

主要的长度单位有哪些?

测量离不开单位。在国际单位制中,长度的基本单位是米,其国际符号是 m,有时也把它称为长度的主单位,其余的长度单位都可以理解为由这个主单位派生出来的。根据这些单位与米的关系,可以把其余的长度单位分为倍数单位与分数单位两类。米的倍数单位有十米、百米、千米等;米的分数单位有分米、厘米、毫米等。这些单位都是日常生活与生产实践中常用的单位。

> **思考**
>
> 单位的设计越多越好还是越少越好？或许讨论这个问题需要联系实际背景，因而不可能有定论，但如果设计了许多长度单位，这些单位之间又没有什么联系，结果会怎样呢？不同国家货币之间的汇率就是一个反面的例子，汇率通常不是整数，而且还经常变化。

在科学研究领域使用的长度单位比日常生活中用的单位要丰富得多，如纳米、光年等。1 纳米等于十亿分之一米，人的头发直径就相当于 7 万纳米，可以想见这是一个很小的单位。

人们很容易把光年当作时间单位，其实 1 光年就是光 1 年走过的距离，它是一个长度单位，约等于 94600 亿千米。光的速度快得不可思议，从太阳发出的光线传到地球，需要 8 分钟时间，太阳与地球的距离是 8 光分。光年一般用来量度很大的距离，如太阳系与另一恒星的距离。

长度单位永远守恒吗？

如果不是重新定义了 1 米的概念，如果没有对光在真空中的速度进行修正，那么按照现行的定义，1 米的长度是确定的，根据 1 厘米与 1 米之间的关系，1 厘米的长度也是确定不变的。这个确定性可以这样来理解：不同尺子上 1 米的长度都是一样的，地球上的 1 米不管在赤道还是在北极也都是一样的。长度单位是守恒的，不过这个守恒应当从两个方面来理解，一是主单位的长度守恒，二是单位之间的关系守恒。前者还有不确定的因素，因为它取决于科技的进步，而后者则取决于人类的主观意愿。

对长度与长度单位守恒的理解是很重要的。如果没有守恒，数学就失去了公理化的基础。试想，如果中国的 2.05 米与美国的 2.05 米不一样长，或者说现在的 2.05 米与 20 年后的 2.05 米不一样长，会带来多少麻烦。

学生初学长度单位时，也应当重视对守恒的理解。教学中，教师常常把 1 厘米长的东西放在投影上展示出来，这就有可能把它放大。因此，在概念学习之初，要谨慎地使用投影展示 1 厘米的长度，避免学生在学习之初就建立错误的 1 厘米长度的空间表象。

任何测量都有单位吗？

任何测量都是用某种单位进行的。标准单位的使用有利于进行长度的比较，这个单位也许不一定是国际单位，也许是人们自己公认的某个单位。许多相同长度的物体，如火柴棒、回形针或其他规则物体，都可以作为临时标准单位。

如果一个测量结果没有带上单位，这个测量是没有意义的。比如一种海洋生物长2，后面不带单位，你会觉得它到底是多长呢？2厘米还是2千米？正应了一句广告语：一切皆有可能。

解释一个抽象的数概念，往往用单位来描述。如10000由10个1000组成，10000比9999多1。相比较而言，数量要具体一些。与此相对应，对一个量的理解往往需要与背景联系起来，如10000元，如果是一个人一年的工资，人们就会觉得太少，如果是一个人一个月的工资，人们就会觉得很不错了。

> **小贴士**
>
> 抽象性使得数学有一种特立独行的味道，但数学不可能完全跳出情境的束缚。比如真正要理解一个数据的时候，就需要回到具体的情境当中来，这时数学不得不放下高贵的身段，屈服并依赖于现实背景。

为什么要选择合适的单位？

单位的选择有赖于物体本身的长度。要是选择的单位比物体还长，结果大概需要依赖于分数来表示，而且实际的测量操作也会很困难。要是测量单位比物体小得多，就会进行许多重复的测量。因此，我们需要根据物体长度选择合适的单位。合适的才是最好的。在长度测量中，选择合适的单位，可以减少测量的不便。

> **思考**
>
> 选择合适的单位需要考虑的问题是多维的，物体长度与单位的比例是一个重要的方面，此外还要考虑什么问题呢？

选择合适的单位，不仅给测量减少了操作的麻烦，而且也给阅读交流带来了方便。如一个人的身高是 162 厘米，用米来表示是 1.62 米，这都是大家习惯的。但如果用千米表示，则应当记作 0.00162 千米，估计很多人想象这个数量的实际长度，要费很多周折。光在真空中传播的速度大约每秒 30 万千米，如果把这个速度用厘米/小时来表示，这个结果应当是 108000000000000 厘米/小时，这个数据读起来很费劲，而且容易出现错误。当然，如果非要用上这样的单位，数学还可以用科学记数法来解决这个问题。

什么是长度的公测量？

如果可以用一个线段 e 衡量线段 AB 和线段 CD，使得线段 AB 和线段 CD 都是 e 的整数倍，我们就称线段 AB 和线段 CD 是可公度的。（这类似于两个数有公因数）如果线段 $AB > CD$，先用线段 CD 去量线段 AB，剩余的 $f = AB - CD$，$f < CD$，再用 f 去量线段 CD，其剩余为 g。这样不断地把较长的线段减去较短的那个线段，直到两条线段一样长，这个长度就是公测量。这个过程类似于求最大公因数时的辗转相除法。两条线段的公测量可能不止一个，如 30 厘米与 45 厘米的公测量有 1 厘米、3 厘米、5 厘米、15 厘米。所以，几个长度的公测量就是这些长度的公因数。

> **思考**
> 两个数量的公测量与两个数的公因数有什么联系与区别？

为什么长度单位设计为 1？

前面已经讨论过，根据物体长度与测量单位之间的关系，测量的结果有三种表示，分别是整数、小数、无理数。如果要用线段 a 去测量许多条线段的长度，就需要考虑一个重要的问题——最好那些线段的长度都是 a 的整数倍，也就是说，a 是这些线段长度的公因数，这会省去很多麻烦。可是这个 a 怎么选呢？以 1 作为单位无疑是最好的，因为任何一个数都是 1 的倍数，或者说 1 是所有自然数的公因数。这样就可以最大限度地使得对线段测量的结果是整数。

另一方面，把长度单位设计为1，这与自然数的计数法也有千丝万缕的联系。长度的主单位是米，把1米平均分成10份，1份就是1分米。两个相邻单位之间的进率是10，这与自然数相邻计数单位之间的进率是相同的，这样设计给单位换算以及计算带来了方便。时间单位就是一个相反的例子。常用时间单位的进率是60，即1时=60分，1分=60秒。把2.5米换算成以厘米为单位，只要用2.5乘进率100，这个过程可以简化为把小数点向右移动两位。但是，把2.5小时换算成秒为单位就没有那么简单了，需要用2.5乘3600，这个过程需要依赖计算器，至少也得排个竖式来计算。

> 思考
>
> 长度单位的进率与时间单位的进率不同，那么它们在设计思想上有没有共通之处呢？

把长度单位设计为1与把时间单位的进率设计为60，虽然数量有所不同，但设计的思想是一致的，都是为了使表示结果尽可能简单。在60以内的自然数中，60的因数是最多的，这可以使得许多时间方便用分数表示出来，比如，10，12，15都是60的因数，10分=1/6时，12分=1/5时，15分=1/4时。如果规定1时=53分，那么许多时间都不可能用这样简单的分数表示了。

把这些看似没有联系的数学知识综合起来思考，就能更多地体会到数学知识是美妙的，我们没有理由不佩服人类的智慧。

> 小贴士
>
> 或许你没有想到，长度单位的设计与公因数的知识相关，理解了这些，你是不是看到数学美了呢？

任何两条线段都是可公度的吗？

正是对这个问题的思考，使得测量把数学往前推进了一大步，人们发现了无理数，对数的认识取得了长足的进步。

早先，人们的直觉认为，用一个长度单位去测量任何一条线段，总会将单位分为十分之一、百分之一、千分之一……截取有限次之后就会终止。

也就是说，任何两条线段一定是可公度的。但事实并非如此。古希腊的毕达哥拉斯学派，发现正方形的边与其对角线不可公度，就发现了无理数，如图 1-5。

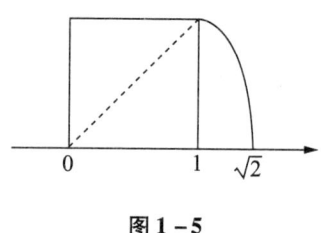

图 1-5

在这之前，毕达哥拉斯学派已经认识到，可以用整数或整数比来测量一切事物。因此，这个证明过程并不复杂。假定 $\sqrt{2}$ 是有理数，即两个正整数 p，q 之比 p/q。令 p 与 q 是互素数，即最大公因数只有 1。两边平方，整理得到 $p^2=2q^2$，这样 p 必须是偶数，因为只有偶数的平方才是偶数。又令 $p=2s$，则 $2s^2=q^2$，q 也是偶数。这与 p 与 q 是互素数矛盾。因此，$\sqrt{2}$ 不是有理数。

虽然到底是无理数多还是有理数多存在着争论，但多数的观点认为无理数更多，因为直觉上两个有理数之间有许多的无理数。至于两个无穷集合不好比较，甚至可以用对应的方法得到两者一样多的结论，那又是另外一回事了。讨论这个问题的目的，是要知道不仅存在着不可公度的量，而且不可公度的量也有很多。仅凭直觉与经验似乎不能得到这样的结论，数学证明在其中发挥着作用。

> **小贴士**
>
> 数学的理性思考就像是望远镜，能看到直觉以外的东西。培养理性思维是数学教育不可替代的学科价值。

计量单位与计数单位有什么联系？

厘米与米之间的进率是 100，厘米与分米、毫米之间的进率都是 10，这与整数的计算单位个、十、百的进率一致，与小数计数单位也是一致的。因此，教学时要注意长度单位进率与计数单位进率的联系，帮助学生实现跨领域的知识整合。必要的时候，还可以与相应的几何模型联系起来，如线段图、面积图或体积图等。在一定意义上，计量单位与计数单位本质上是一致的，都是一种"标准量"，使用规则也是一致的，如图1-6。

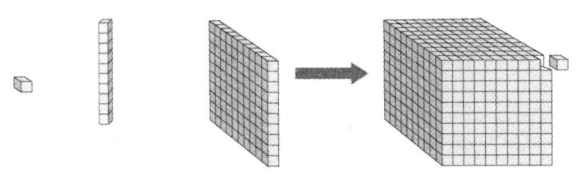

图1-6

如1个小立方体表示一，10个小立方体组成的一条就表示十，10条组成的一层就表示百，10层组成大立方体就表示千；同样的，如1个小立方体表示1毫米，10个小立方体组成的1条就表示1厘米，10条组成的一层就表示1分米，10层组成的大立方体就表示1米。

由此可见，无论是对物体进行计数还是测量物体长度，都是先选择一定的标准量，再用这个标准量对物体进行测量，得到物体这方面的特性，并用一个数量来刻画出物体的这种特性。

1.6 测量的误差不可避免

测量总会产生误差，误差不可避免，但可以减少。多次测量取平均值是减少误差的方法之一。此外，长度测量中有许多重要的数学规则，如换算关系、长度单位的守恒等，没有这些规则，长度测量就不可能符合数学逻辑。

为什么说测量的结果是一个估计值？

如前所述，当以米为单位进行测量时，总不能完全测量，接着用分米测量剩下的那部分，有时候还有一小部分不能完全测量，继续以厘米为单位去测量剩下的部分。实际上，这个过程提示了剩余部分不断变小，测量单位相应变小，这是一个无限的测量过程。不管我们继续多少次这样的测量,依然会有一部分剩下,肉眼无法看清,需要借助显微镜来看,这时我们通常采取忽略的方法,这样,测量值实际上总是估计值。图1-7揭示了一个剩余部分不断变小,测量单位相应变小的无限的测量过程。

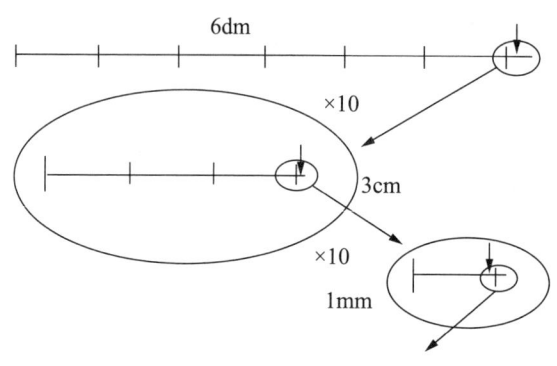

图1-7

不过在实际测量中,测量单位不断变小的过程不会无限地进行下去,而是会很快中止。如取一个长度单位米去量线段,直到余下部分小于1米。记下所获得的整单位米,再把单位分成10个相等的部分,并且用单位的十分之一去测量余下部分,所得用0到9之间的整数写在早先获得的整数加上小数点的后面。把米分得越小,测量的精度就越高。由此,依次可以得到单位的十分之几、百分之几……理论上这个过程可以无穷地继续下去,但实际上它很快结束,因为继续测量或是不可能,或是无意义。

测量越精确越好吗?

如果不是深入地思考,对这个问题的回答往往是肯定的。可是在更多的时候,对测量值的精确程度是根据实际需要来选择的,苛求有时是没有实际意义的。如有人告诉你从甲城到乙城的距离是272千米504米23厘米7毫米,你会怎么想呢?你通常感兴趣的只是272千米,504米关注都会很少,剩下的信息更是没有实际用处。

再如,若有人告诉你这本书的长度是238.3245毫米,你会怎么想呢?你大概只会关注小数点前面的"238",至于小数点后面的数,越往后越让人费解。你大概也不会因为小数点后面位数足够多,就轻易相信这个结果是十分精确的,因为热胀冷缩或细微的颤抖都可能使得结果产生误差。

测量精度由被测量客体决定，而且测量时总是获得近似值，一般也不去估计测量误差，并且认为所得结果是真值。在测量某物体的长度时，应当根据实际需要选取某一合理的测量精度，并不是越精确越好。

当然，人类总是不断地攀登科学的高峰，对于测量的技术与精度的要求也不例外。2005 年 5 月 22 日，我国登山队成功登上珠穆朗玛峰峰顶，精确测量到珠峰高度为 8844.43 米，并且确定峰顶位于中国，同时停用了 1975 年测量的 8848.13 米的数据。当然，这个测量活动需要的支持条件非常人所能想象，修正测量数据的意义也远远超出了测量结果本身。

> **思考**
>
> 在田径比赛中，马拉松长跑与 100 米赛跑，哪个对时间的测量精度要求更高？为什么？

什么是测量中的误差？

设被测量的真值（真正的大小）为 a，测得值为 x，误差为 ε，则真值、测得值与误差之间有如下关系：$x - a = \varepsilon$。测量误差是伴随着测量产生的，严格意义上说，测量总是存在着误差。像一个无限的数列一样，误差只能无限地逼近 0，但永远不可能消除。而且不只是长度测量会存在误差，几乎所有的测量都会存在误差。从这样的角度看，误差是测量的固有属性。

在测量中，错误与误差是很容易混淆的两个概念。误差与错误不同，错误是应该而且可能避免的，而误差是不可能绝对避免的。错误产生的原因多为主观的，而误差是客观存在的。

如何减小测量中的误差？

误差产生的原因有很多，例如，读数时视线的位置不正确，测量点的位置不准确，振动等因素的影响而产生了微小变化，等等，这些因素的影响一般是微小的。

根据误差产生的原因及性质，可将其分为系统误差与偶然误差两类。系统误差是由测量工具、测量方法等原因而产生的误差。由工具与方法产生的系统误差，其特点是测量结果向一个方向偏离，其数值按一定规律变化。偶然误差是在相同条件下，对同一物体进行多次测量，由于各种偶然因素，会出现测量值时而偏大、时而偏小的现象。

减少系统误差，依赖于测量工具与方法的改进。减少偶然误差，则可以通过多次重复测量，取平均值的办法。实验表明，大量次的测量所得到的一系列数据，其偶然误差都服从一定的统计规律。

> **小贴士**
>
> 减少测量误差的方法与影响误差产生的原因一样多，其中有一个重要的方法就是通过重复测量取平均值来减少误差。教学中可以通过这样的例子让学生体会统计的意义。

为什么得不到绝对精确的测量值？

从实用的角度讲，精确结果一般来说并不比一个好的近似结果更为有用。实用问题包含着测量，而测量又常常包含着某些不确定的因素。例如，当测量一条线段的长度时，我们可以消除影响线段精确长度的某些不确定因素，但并不能消除全部，它们必将影响误差范围。

尽管可以通过更好的测量方法或者更高的测量技巧来进一步减少不确定因素，然而，我们还是不可能消除误差产生的所有因素。因此，凡是依赖测量的计算必将出现关于此线段长度的初始误差。从这个意义上讲，我们的方法可能正确，但遗憾的是人们一般得不到绝对精确的测量值。

2 课程标准（教学大纲）研究

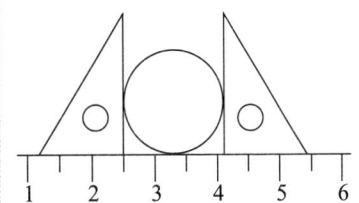

数学教育既受到科学技术飞速发展的推动，也经历了国内外各种教育思想与理论的冲击。在我国百余年小学数学教育的发展历史中，课程标准（教学大纲）历经变迁，每次修订都是在参考国外经验与反思本土实践的基础上进行的。21世纪，世界各国不约而同地推动了数学教育改革，比较各国数学课程标准中关于长度测量的教学要求，就像进入了一个观察各国数学教育的窗口。通过这个窗口以小见大，可以了解到各国数学教育改革的思想与理念，这对于更好地理解长度测量的教学无疑也是有益的。这就是所谓的博古通今，取长补短。

　　数学教育的历史也是数学课程发展的历史。不管是国内还是国外，无论是过去还是现在，长度测量都是小学数学的学习内容之一。分析与比较不同时期、不同国家的教学要求，可以发现，同样是长度测量，无论是一个国家的不同历史时期，还是同一时期的不同国家，安排的教学内容与设计的教学目标并不完全一致。这种变化与数学课程的发展是同步的，既可以看作是人们对数学知识及其教育价值不断深入理解之后做出的调整，也可以理解为整个小学数学课程发展与变迁的一个缩影。

2.1 国内课程标准（教学大纲）对长度测量教学的要求

同样是中国数学教育的纲领性文件，在不同的历史时期曾交替使用过"教学大纲"与"课程标准"两种名称，如果追溯到新中国成立以前，还曾使用过"学堂章程"与"课程纲要"等名称。

1949 年以前相关文件的要求

中国数学教育历史悠久，成就斐然。通常认为从鸦片战争至新中国成立这一时期，是我国近代小学数学教学的初创阶段和现代小学数学教育体系的形成阶段。在初创期，数学学习内容处于由我国古算学转变为西洋数学的过渡阶段，这个阶段的数学教材，除了继续沿用《算经十书》之外，还翻译了西方的数学教材。

> **小贴士**
>
> 我国古算学以实用性为主要特征，不太强调逻辑推理，长度测量的知识体现了实用的特征。我国早期的数学书如《九章算术》等，本质上都是数学问题集，还算不上有严格的逻辑编排体系。

对长度测量的教学要求，有据可考的可追溯到 1902 年的《钦定小学堂章程》，那时对长度测量的教学表述极其简单："第一年学科阶段，算学（授测量衡及时刻之计算）。" 1904 年，清政府颁布了《奏定学堂章程》，又称《癸卯学制》，这个学制基本模仿日本，数学课程的名称为"算术"。在总计九年的时间里，学生所学的算术知识非常有限。（刘晓玫，2005）[14-15] 因此，此时《奏定初等小学堂章程》对长度测量只有十分简略的表述。

1912 年，中华民国成立，教育部公布了新学制，称为《壬子学制》，标志着我国进入到现代小学数学教育体系形成期。1916 年的《国民学校令施行细则》和《高等小学校令施行细则》都没有长度测量的相关记载。

> **小贴士**
>
> 随着社会的发展与进步，人们受教育的年限越来越长，程度也越来越高。就长度测量这一内容来说，现在的教学内容不仅比以前丰富，而且形式也更加活泼。

1923年，由俞子夷起草的《新学制课程标准纲要·小学算术课程纲要》颁布。这是我国第一个独立的、形态较为完整的课程纲要，相当于后来的"教学大纲"。这个纲要中的算术教学目的反映了杜威的实用主义思想，优点是要求算术教学要结合生活实际，要尊重儿童的个性和学习兴趣，使儿童在活动中得到数量观念和思维训练，发展他们的创造力等。但是其缺点也是明显的，比如内容比较单一，教学内容与要求具有较大的弹性。（刘晓玫，2005）[16]其中提到与长度测量相关的长、量等数量观念与数学用语，但仍然没有具体的描述。

在此后二十多年时间里，小学数学教育经历了几次变革，虽然基本上属于对前期改革成果的调整、完善和巩固，没有实质性的变化，但对教学内容的描述却逐渐清晰与完整起来。（刘晓玫，2005）[13-18]

> **小贴士**
>
> 值得注意的是，那时的课程纲要就强调数学教育要尊重学生的个性、重视思维训练、培养创造力等。100多年过去了，我们现在的数学教育仍在这几个方面努力着。

1929年，国民政府大学院着手组织中小学课程标准起草委员会，编订中小学课程标准。由俞子夷负责编写了《小学课程暂行标准·小学算术》，这个标准的目标包括三个方面：助长儿童生活中关于数的常识和经验；养成儿童解决日常生活里数量问题的实力；练成儿童日常计算敏速和准确的习惯。其中，对长度测量，要求在第一、第二学年学习尺、寸的认识和应用，在第三、第四学年学习丈和尺的认识和应用。

1932年，教育部颁布了《小学各科课程标准·算术》，教学的目标包括知识性目标与智能性目标，其中对长度测量的学习阶段作了具体划分：第一、第二学年学习大小、长短的认识，尺、寸的认识和应用；第三、第四学年学习丈和尺的认识和应用，里的实测计算；第五、第六学年学习关于测量衡市制和公制的比较和应用，中英测量衡的比较计算。

> **思考**
>
> 为什么学习了测量衡市制与公制的比较与应用，还要学习中英测量衡的比较呢？可以与中国历史联系起来想一想。

1941年，教育部又颁布了《小学算术科课程标准》，与之前的课程标准比较，最大的变化是分年级列了教材大纲及要目。这个标准对长度测量在各学年都安排了相关学习内容：第一学年学习大小长短轻重厚薄方圆的认识；第二学年学习尺的观察和使用，十进复名数（尺寸）的不进位加法，十进复名数（尺寸）的不退位减法；第三学年学习丈尺寸关系的认识，十进复名数（丈尺寸）的加减法；第四学年学习丈尺寸分的应用及加减法，里的认识和应用；第五学年学习简单地形的实测和计算；第六学年学习市制测量衡和公制测量衡的比较和应用。

1948年的《算术课程标准》是为适应抗日战争胜利后社会的需要而修订的，规定算术从第三学年开始正式教学，第一、第二学年只在各科教学中随机教学。这个标准要求，第三学年开始安排尺的观察和使用，尺上刻度的认识，复名数的读法和写法，丈、尺、寸、分的关系学习，等等。

从晚清到新中国成立前不到100年的历史中，中国社会经历了深刻的变革，数学教育也几经变迁。即使是社会动荡与战火纷飞的年代，也没有完全阻止数学教育发展前进的脚步。虽然与现在相比，那时的课程纲要或标准对具体教学内容的表述还很不完整，但从逐步清晰的内容与逐渐明确的要求中，仍可大体看出教学发展变化的脉络。具体到长度测量的教学上，可以看出两个显而易见的变化：一是内容逐步丰富，从单一长度单位的认识，拓展到单位之间关系的理解；二是教学逐渐系统，从集中到分散，甚至对各年段教学内容也有了清晰的划分。

由于学习了日本与欧美，我国数学教育在建立学习内容体系的初始阶段，就有许多先进的理念。特别值得一提的是，从20世纪30年代开始，课程标准就强调了长度单位在现实生活与生产中的实际应用。从20世纪40年代起，标准规定把丈尺寸关系的认识与十进复名数（丈尺寸）的加减法相结合，说明这时的教学已经开始注重知识之间的内在联系，体现了课程设计系统化的趋向。

> **小贴士**
>
> 数学知识的内在联系是十分重要的，在某种意义上，数学的美就体现在知识的深刻联系之中。好的数学应当有利于学生理解这些联系。

1949—1978 年课程标准（教学大纲）的要求

1949 年新中国成立，我国的数学教育也翻开了新篇章，进入了一个崭新的发展时期。不过整个发展过程并不是一帆风顺、勇往直前的，其中"文革"十年几乎处于停滞状态。

在建设新中国小学数学的起步阶段，我国数学教育实现了一个华丽的转身，从之前学习日本与欧美转向学习苏联。那时，无论是教育理论、学制设计，还是教学大纲、教材以及教学方法，都是全面照搬苏联。

> **思考**
>
> 从学习日本与欧美转向学习苏联，用历史的眼光看是好还是不好？这个问题或许没有标准答案，不妨假设中国闭关自锁，没有向他国学习，结果会怎样？也可以想想，假如中国没有实施改革开放的政策，结果又会怎样？

（1）新中国成立初期的课程标准（教学大纲）是如何要求的？

1950 年，新中国制订了第一个《小学算术课程暂行标准（草案）》。这个标准把长度测量分散安排在各个年级：一年级上学期学习基本数量的辨认，市尺的认识；二年级下学期学习丈、尺、寸的认识和简单计算；三年级上学期学习里、丈的认识和简单计算；四年级下学期学习市用制测量衡的化法和聚法，万国公制的认识和简单的计算等。[①]

这个新标准和新中国成立之前的标准相比，知识方面的教学目标变化

---

① 为了方便表述，下文的课程标准（教学大纲）介绍中统一用"×上"、"×下"代表×年级上学期和×年级下学期。例如，"一上"表示一年级上学期，"四下"表示四年级下学期，等等。

不大，培养计算能力、逻辑思维能力的目标更为明确，比较强调思想品质教育，体现了国家新的教育方针。不过，这个标准草案如同昙花一现，实施两年之后很快就废止了，取而代之的是1952年根据苏联小学算术教学大纲编译的《小学算术教学大纲（草案）》，这可以看作新中国成立之后的第二次基础教育课程改革。

1952年的《小学算术教学大纲（草案）》中，对长度单位的认识进行了细分：一下学习尺，用尺测量；二上学习尺、寸，用尺、寸测量；二下学习长度单位丈、尺、寸；三上学习长度单位里、丈、尺、寸、分；四上学习市用制长度单位的化法和聚法，公用制单位的初步认识——长度单位（公尺），市用制复名数四则算法，公用制单位的化聚及和市用制单位的换算，测量直线线段及其制图和实地测量。

1952年大纲规定各年级课程内容包括两个阶段：第一阶段从一年级上学期开始至三年级下学期止，学习市制计量单位，包括市制度量衡单位和时间单位的认识、化法、聚法；第二阶段从三年级下学期开始，学习公制计量单位，要求掌握的长度计量单位有里、丈、尺、寸、分、公里、公尺、公分、公厘，此外还有市制和公制计量单位间的换算，其中复名数四则运算只限于两个计量单位，而且数目不是很大。（刘久成，2011）

（2）为什么1952年教学大纲影响深远？

1952年的《小学算术教学大纲（草案）》虽然只是一个草案，但其影响深远。一方面，根据这个大纲编写了全国统一的算术教材，结束了新中国成立初期各地教学要求和教学不尽相同的局面，这在当时的教学条件下是有重要意义的，从此开始了长达50年全国统一算术教学内容和教学要求的历史。（刘晓玫，2005）[19-20]另一方面，这个大纲不仅强调了知识的掌握与运用，还明确了掌握知识和获得技能的双重任务。这是在教学大纲中首次提出小学数学的"双基"教学任务。

小贴士

重视"双基"是我国数学教育的重要特色，在2011版数学课程标准中，"双基"发展成为"四基"，即在基本数学知识、基本数学技能的基础上，增加了基本数学活动经验与基本数学思想方法。

1956年，教育部编订了《小学算术教学大纲（修订草案）》，是对学习苏联小学算术教学经验的一次总结。这个大纲强调对长度测量相关的要求是：市制和公制两种度量衡单位以及用这些单位实际测量的技能，复名数四则运算的技巧。教学内容与要求更加具体，不仅有内容的安排与分布，还规定了课时数：一上学习尺的认识和测量的练习（3课时）；二上学习丈、尺、寸和斤的认识和测量的练习（6课时）；三下学习里、丈、亩、分的认识和测量的练习（5课时）；四下学习公制量度单位公尺、公里、公斤、吨的认识和测量的练习（6课时）；五上学习公制测量衡长度单位——公里、公尺、公寸、公分、公厘这些单位的化法和聚法，它们跟市制单位的换算，公制测量衡的四则运算；此外，分别在四下和五下学习直线线段和简单的测量等。与前一个大纲相比，计量单位的教学要求基本相同，仍然为市制和公制的度量衡单位，复名数四则运算等。

> **思 考**
>
> 教学大纲中规定具体的课时数，现在的课程标准并没有类似的规定。在你看来，规定教学内容的课时数，对于教学来说是好还是不好？

1959年，教育部召开了全国性的"中小学数学教学座谈会"，对小学算术提出了许多意见，其中关于计量的教学内容，有意见指出：公英制换算很有用，工厂是老厂，设备都是英制，看图纸与零配件都要用到公英制换算。这个意见体现的数学教学实用性特点十分明显，也正是这个原因，削弱了知识内部的联系。

大纲规定与长度测量相关的内容包括：一上认识市尺和市寸，会计算简单的名数加减法；二上认识米、分米、厘米，初步会用工具量物体的长度；三上认识公里，1公里=1000米，1公里=2市里；四年级要求掌握公制测量衡单位之间的进率、名数的化法和聚法，能够计算不太复杂的公制复名数四则运算；六年级学习初步丈量土地。

（3）市制测量单位是何时淡出小学课程的？

1963年大纲对计量的知识作了调整，强调应着重讲换算测量衡单位和时间单位的进率、化法和聚法，以讲授公制单位为主，适当讲授当时仍然使用的市制单位。具有中国特色的市制测量单位终于完成了历史使命，渐渐地从小学数学课程中淡出。

1977年,"文革"中遭受破坏的教学秩序得到了迅速恢复,在学制、课程、教材建设与教学管理方面建立了新的规范,开始了有中国特色的社会主义教育体系的初步探索。邓小平同志主持召开科学和教育工作座谈会,指出:关键是教材,教材要反映现代科学文化的先进水平,同时要符合我国的实际情况。

> **思考**
>
> 结合"教材要反映现代科学文化的先进水平,同时要符合我国的实际情况",说一说市制单位淡出课程的意义。

(4)"算术"何时改成"数学"?

1978年,教育部颁布了《全日制十年制学校小学数学教学大纲(试行草案)》,它是我国小学数学教育发展史上第一个指标"小学数学"的教学大纲。相应地,课程的名称也由原来的"小学算术"改为"小学数学"。(范文贵,2011)[16]该大纲编写的指导思想是:小学数学教学必须为社会主义现代化建设人才打好数学基础。

> **小贴士**
>
> 把"小学算术"改成"小学数学",不是一个简单的名称更替,它是数学教学内容的进一步拓展,在一定意义上,也可以理解为这是对我国数学教育一直以来重实用轻逻辑的调整。

1978年颁布的教学大纲施行了8年左右,是我国施行时间最长的小学数学教学大纲之一,对提高我国小学数学教学质量发挥了极大的作用。该大纲提出的与计量相关的教学要求是:掌握常用的一些计量单位和初步的计量方法;掌握简单几何图形的基础知识,能够计算一些几何图形的周长、面积和体积,并能进行简单的土地丈量和土石方等的计算。根据国务院颁布的《中华人民共和国计量管理条例(试行)》的规定,对计量单位和复名数计算,教材中主要讲公制,市制只讲目前常用的尺、寸、斤、两、里、亩、分,复名数化聚和公市制换算也大量删减。各年级安排的相关内容是:一年级认识市尺、市寸,会做简单的计算;二年级认识常用的公制长度单位，能够进行简单的计算（认识1米、1分米、1厘米、1毫米的实际长度，用米尺量物体的长，1米＝10分米＝100厘米，1厘米＝10毫米，1米＝3市尺，认识公里，1公里＝1000米，1公里＝2市里）。

（5）新中国成立后30年间课程标准（教学大纲）有何变化与发展？

新中国成立后30年间小学数学课标或大纲的变化，反映了在数学教学的改革上，我们充分地吸收了历史时期正反两方面的经验和教训，既考虑了教学内容现代化的需要，也考虑了教学改革实现的可能性，标志着我国小学数学教育已经形成了更加符合中国实际和特色的体系。（刘晓玫，2005）[23]

比较"长度测量"这一教学内容在不同课标或大纲中教学年段的安排，可以发现差异还是比较大的，呈现出一个橄榄形。具体地说，20世纪50年代的安排比较集中，60年代的安排比较分散，70年代的安排又相对集中。相比较而言，1952年的大纲不仅规定了各年级学习的具体内容，而且同一学习内容在不同的学习阶段反复呈现，螺旋上升。1956年的大纲具体规定了每一阶段长度单位学习的课时数，为教学提供了保障，而且从这个大纲开始，明确地指出直线线段的测定与测量，突出长度测量是线段测量的本质。1963年的大纲引入了米和厘米等国际公制单位，这一时期是过渡阶段，公制单位与市制单位并存。事隔15年之后，市制单位在1978年的大纲中并没有完全被废除，这一阶段的大纲把长度单位换算和名数互化与运算置于课程的核心位置。

1979—2000年教学大纲的要求

20世纪80年代以后，小学数学教学在教育思想、教育目的等方面的研究又有了新进展。从1979年到2000年，我国共颁布了五个教学大纲。

（1）第一个不带"草案"字样的教学大纲提出了什么要求？

1986年，《中华人民共和国义务教育法》颁布，我国的教育由依靠政策指导发展到根据法律实施。由于九年义务教育的实施，小学数学的教学指导思想发生了根本性的变化，强调了小学数学教育的"素质教育属性"，"面向全体学生"成了教育的基本原则。（刘晓玫，2005）[24]同年，国家教委颁布了《全日制小学数学教学大纲》，这是新中国成立以来第一部不带"草案"字样的正式教学大纲。

1986颁布的大纲规定：二年级学习长度测量单位米、分米、厘米、毫米,知道1米、1厘米的实际长度,初步建立1米、1厘米的长度观念,能够进行长度的简单计算;三年级学习长度测量单位千米(公里),能进行简单的计算。

(2)80年代末的教学大纲有什么要求?

1988年的《九年义务教育全日制小学数学教学大纲(初审稿)》(分五、六年制)中规定:一年级学习量和计量——厘米和米的认识,用厘米做单位测量,初步学习长度测量单位厘米和米,知道1米、1厘米的实际长度和1米=100厘米,初步学会用刻度尺量物体的长度(限整厘米);二年级学习分米、毫米的认识和简单计算,认识长度测量单位分米、毫米,知道1分米=10厘米,1厘米=10毫米,能够进行长度的简单计算。

1992年的《九年义务教育全日制小学数学教学大纲(试用)》规定:一年级学习厘米和米的认识,用厘米做单位测量,知道1米、1厘米的实际长度,1米=100厘米,会量线段的长度(限整厘米);二年级学习分米、毫米的认识和简单计算,知道1分米=10厘米,1厘米=10毫米,会进行长度的简单计算;三年级学习长度测量单位千米(公里),知道1千米=1000米。

(3)新世纪初的教学大纲有什么变化?

2000年的《九年义务教育全日制小学数学教学大纲(试用修订版)》,分年段的教学要求与1992年的大纲相差无几,并且很快被2001年的《全日制义务教育数学课程标准(实验稿)》所取代。和前一阶段的教学大纲相比,关于长度单位的认识在课程中的安排又相对集中,主要在一至三年级完成。原有的市制单位最终被淘汰,引入千米作为公制单位,与公里并存。与前一时期相比,这一阶段的大纲对长度单位的教学目标已经有所转向,不再强调实地测量,但仍然用长度单位测量,拓展了长度单位运用的空间。特别要指出,从1986年的大纲开始强调实际长度测量,重视建立1个单位长度如1米、1厘米的长度观念,并不再把名数的转化作为课程的重要内容。

> **思考**
>
> 建立单位长度的空间观念是一个显著的变化,说一说建立单位长度空间观念的教学价值是什么?

（4）改革开放20年间教学大纲有何变化与发展？

改革开放20年间，从教学大纲频繁的修订中可以看出，我国小学数学教学改革连绵不断，教学研究空前活跃，呈现出前所未有的活跃气象。

从1988年的大纲开始，已经明确把厘米作为学习长度单位的起始规定下来，而且对于用刻度尺量物体的长度或线段的长度，都限整厘米数，这是考虑学生认数范围的结果。这个时期的大纲已经比较精细，反映了这一时期，我国小学数学教学从理论到实践都更加规范与科学。

2001—2011年课程标准的要求

2001年，教育部正式颁布了《基础教育课程改革纲要（试行）》，大力推进基础教育课程改革，依此纲要制订的《全日制义务教育数学课程标准（实验稿）》（以下简称实验稿课标）正式施行，课程标准作为国家对义务教育阶段数学课程的基本规范和质量要求的指导性文件，取代了此前的教学大纲。

（1）实验稿课标有什么要求？

实验稿课标把小学阶段分成两个学段，长度单位的认识主要在第一学段（一至三年级）完成，但并没有明确规定在哪个年级学习，为教材编写提供了弹性处理的空间。具体要求是：①结合生活实际，经历用不同方式测量物体长度的过程，在测量活动中，体会建立统一测量单位的重要性；②在实践活动中，体会千米、米、厘米的含义，知道分米、毫米，会进行简单的单位换算，会恰当地选择长度单位；③能估计一些物体的长度，并进行测量；④指出并能测量具体图形的周长，探索并掌握长方形、正方形的周长公式。

> **小贴士**
>
> 长方形周长的公式，既可以理解为是一种数量关系，也可以理解为是一种间接的测量方法。越是特殊的图形，计算周长的方法越简单。如长方形的周长计算比一般四边形的周长计算简单，正方形的周长计算比长方形的周长计算简单。

与之前的教学大纲相比，实验稿课标规定的长度测量教学要求有许多创新之处。首先是第一次提出了用不同方式测量物体长度,让学生体会统一测量单位的重要性。这一要求把长度单位的学习放到更大的背景当中,让学生体会知识产生的源头,学习像数学家一样思考问题。体验统一测量单位的重要性是一个重要的学习过程,可以促使与长度相关的数学文化教育得到真正落实。不仅如此,还可以把长度单位的进率与十进制计数法联系起来,突出数学知识本质、内在的联系,引导学生体会数学中的许多规则是数学内部和谐选择的结果,体会数学知识逻辑体系的严密性。

> **小贴士**
>
> 像数学家一样思考是发现法教学的一个重要特征,尽管在很长的时间里,这个教学方法备受争议,但是不可否认,让学生经历这样的发现过程,是促进学生智慧发展、理解数学美的一种重要的方式。

其次,实验稿课标强调了合理选择长度单位的重要性,并首次把估计物体的长度作为学习内容,更好地体现了测量活动在解决生活问题中的具体运用。估计物体长度依赖于多方面的基础,其中最重要的是单位长度的空间观念。实验稿课标还把图形周长的计算与长度测量并列安排在测量的学习单元中,并且把图形周长的计算作为长度测量的更高学习阶段,即从实际测量到公式计算的提升,体现数学知识解决问题的力量。

> **思考**
>
> 为什么说估计物体的长度要依赖于空间观念的建立?估测长度与实际测量有什么不同的教学价值?

总体来说,2001年的实验稿课标在内容设计与教学要求上,都与之前的大纲有很大变化。引用实验稿课标研制组的话来说,不是在原来意义上的修修补补,而是翻天覆地的变化。这些变化,使得数学课程与知识紧随了时代发展的节拍。这个在世纪之初颁布的课程标准,在全国上下掀起了巨大的改革浪潮。但变革总是要经历阵痛,在汹涌澎湃的浪潮之巅,实验稿课标也招来诸多批评。这些建设性的意见,体现了教师与社会各界参与课程改革的主动性,是教师、教材与课标互动关系的重建,是历史性的重要进步。

（2）2011 版课标有什么要求？

2011 年，教育部颁布了《义务教育数学课程标准（2011 年版）》（以下简称 2011 版课标），这是在对十年课程改革进行总结与反思的基础上进行的。新的课标对课程的性质与基本的理念作了较大的修订，在设计思路上把"双基"扩展到"四基"，即除了基础知识与基本技能之外，还增加了基本思想与基本活动经验，并提出了数学课程的十个核心词。

> **小贴士**
> 一般认为，我国数学教育最重要的特征之一就是重视"双基"，但是，"双基"应当落实到什么程度，始终没有统一的标准，典型的争议是"熟就能生巧吗？"，你是怎么看这个问题的？

与实验稿课标相比较，2011 版课标对长度测量的目标要求基本保持不变，仅仅修订了个别词语，如"会进行简单的单位换算"改成了"能进行简单的单位换算"；对图形周长的测量作了补充，由原来的"指出并能测量具体图形的周长"改成了"结合实例认识周长，并能测量简单图形的周长"，这使周长的测量建立在认识图形周长的基础之上，更加合乎教学的逻辑，同时，把"具体图形"改成"简单图形"，可以理解为常见的平面图形和一些简单的曲线图形。

2.2 国外课程标准对长度测量教学的要求

纵观近百年来我国小学数学课程标准（教学大纲）变化与发展的历史，借鉴、改造、融合、创新是其不同时期修订的关键词。特别是身处当今世界，从国际数学课程改革的最新发展出发，把握世界数学课程发展的脉搏，在国际视野下分析研究我国数学课程改革和发展的积极经验，具有重要的实际意义。（孙晓天，2003）虽然教与学在不同文化下的差异很大，但"他山之石，可以攻玉"，研究他国数学课程设计与目标要求，对于丰富我们对数学教育的理解与拓展视野都是有益的。

非常有意义的是许多国家在新千年之际，不约而同地推动了新一轮的数学教育改革，相继施行了新的数学课程标准。对这些标准进行横向比较，容易说明不同国家对同一教学内容设计的不同理念，这些差异更有利于导向多元化的思考，因而也使得比较变得更有价值。

美国课程标准的要求

全美数学教师理事会在 2000 年 4 月发布了《美国学校数学教育的原则与标准》，这个文件对每个学段所设计的标准是一致的。关于教学内容的标准有五个方面，包括数与运算、代数、几何、测量、数据分析与概率；关于教学过程的标准也有五个方面，包括问题解决、推理与证明、交流、关联、表达。在学前期至十二年级，对测量的标准是：理解物体可测量的属性以及测量单位、系统和过程，能运用恰当的技术、工具和公式进行测量。（全美数学教师理事会，2004）[43]

> **思考**
>
> 请你先阅读美国课标学前期到二年级的要求，想一想与我国的课标要求有什么区别？

在学前期到二年级，要求能根据长度的大小对物体进行比较与排序，懂得如何使用标准单位和非标准的测量单位进行测量，选择适当的测量单位及工具来测量物体的长度；使用数个相同的长度单位（如回形针首尾相连）来进行测量，重复使用单个测量单位来测量一个较大的物体，使用测量工具，掌握常用的参照测量以便进行比较与估计。（全美数学教师理事会，2004）[96]

三至五年级，要求理解如长度、面积、重量、体积和角的大小等度量属性，并且选择合适的单位来度量这些性质；理解用标准单位测量的必要性，熟悉英制和公制测量体系中的标准单位；进行简要的单位变换，如在测量的同一系统之内从厘米到米之间的换算；理解测量是近似的，采用不同单位会影响测量的精度；研究当平面图形做某些变化时，图形的周长等测量有什么变化；发展估计不规则图形周长的策略，选择和应用合适的标准单位和工具进行长度测量，选择和使用一些参照物来进行估算。（全美数

学教师理事会，2004）[155]

> **思 考**
>
> 怎样引导学生理解测量是近似的？下面哪些方法比较适合学生理解？
> （1）不同的学生测量得到不同的结果；
> （2）告诉学生测量一定会有误差；
> （3）引导学生讨论为什么同样的测量工具得到有差异的结果。

与我国课标对长度测量三言两语的描述相比，美国的课标对长度测量的要求不仅更加全面、具体，而且更加关注对测量活动的理解和活动经验的积累。如理解测量是近似的，采用不同的单位会影响测量的精度等，这样的目标要求在我国课程标准中没有得到体现，在课程中的设计也是很弱的。类似地，还有发展估计不规则图形周长的策略，在我国可能只是蕴含在某个练习之中，并没有在课标中清晰地表达出来，这就有可能使得相关的教学要求在课程中的体现与落实存在不确定性。如果教师在钻研教材时没有很好地体会编写意图，或者教学的目标里没有相关的陈述与概念，那么这一教学目标就不可能得到真正落实。

六至八年级，要求理解公制和英制的测量体系，理解不同单位之间的关系并能在同一测量体系里将一个单位转换为另一个单位；掌握、选取并使用适当的单位来测量周长；使用通用测量参照物并选择恰当的近似测量方法；选择和应用测量技术和工具测量长度，并使其达到一定的精确度。（全美数学教师理事会，2004）[220]

九至十二年级，能为涉及测量的问题合理选择单位；在测量时，分析精密度、准确度和近似误差。

与我国的课标比较，美国的课标对长度测量的设计与要求有两个方面的突出特点：一是更加注重测量过程的完整性与知识设计的系统性，如对误差与测量精度的学习，在我国的课标中是相对忽视的，甚至根本没有提及，这在一定程度上体现出我国的数学课程标准对长度测量的目标设计还是比较狭隘的，更多地侧重于测量的知识与技能，而不是科学测量的思想与方法；二是更加注重学习内容安排的层级递进与螺旋上升，对测量的学习从学前期至十二年级，当然学习的内容不只是长度的测量。美国课程标准中设计的测量教学，不仅跨度长，而且学习内容也很全面。与之对照，我国的数学课程标准对长度测量的教学安排较为集中，通常安排在低年级，之后不再重复。由于学习的时间比较集中，而且教学的年段比较低，可能使得教学侧重于讲授，对操作、体验等教学活动相对比较忽视，学生的知识主要是接受的，而不是体会或领悟的。

在美国，学校教育历来有地区控制的传统，因此，不像其他一些国家那样有全国统一的课程标准。这里再介绍美国《统一州核心数学课程标准》，这个标准是分年级制订的，长度测量的教学分布在一、二、四、五年级。

一年级主要学习间接度量长度，使用重复长度单位度量。要求：将物体按长度排序，通过第三个物体来间接比较两个物体的长度；用长度单位（整数）来表示物体的长度，通过用多个同样长的物体（作为长度单位）首尾相接，理解度量物体的长度就是由相同长度单位组成的长度之和，这些长度单位首尾相接，不重不漏。

二年级主要学习用标准单位度量和估计长度。要求：选择和使用恰当的工具（如尺子、码尺、米尺和测量带等）度量一个物体的长度；用两个不同的长度测量单位测量同一个物体，描述两种测量结果和选择的测量单位有什么联系；使用英寸、英尺、厘米、米等单位来估计长度；通过度量，判断一个物体比另一个物体长多少（用标准单位表示）。此外，还要建立加减与长度的联系，比如运用加减法解决100以内的长度单位统一的文字题，如使用图和含有一个未知数的等式来表示问题，在直线上表示从0开始的整数，用等间距的点0，1，2，…来表示，并在直线上表示出100以内的和与差。

四年级主要解决有关度量及度量换算的问题。要求：理解一个单位系统中度量单位的相对大小，包括千米、米、厘米；在一个度量系统中，将大单位度量换算成小单位，用数对表示英尺与英寸的转换，如1英尺等于12英寸表示成（1，12），（2，24），（3，36）…利用四则运算解决相关的文字题，包括与简单分数、小数有关的问题，将给定的大单位度量转化为小单位的问题，用图表表示度量的量。

> **思考**
>
> 用数对表示单位的换算是一种很奇妙的数学表达，说一说这种表示的意义。

五年级主要学习在一个给定的度量系统中换算度量单位，要求在一个度量系统中转换不同大小的标准单位，并在多步运算的实际问题中应用这些转化。

与我国的课标相比较，美国的课标更侧重于对物体可度量属性的理解，比如理解度量物体的长度就是由相同长度单位组成的长度之和。一般看来这似乎是一个常识，但事实上尺子正是根据这样的常识来设计的。此外，用数对表示单位之间的转换也是一种有趣且简洁的表达方式。

英国课程标准的要求

英国也在 2000 年开始实施《全国统一数学课程标准》，这个标准把学习计划划分为教学的四个关键阶段，描述了教师在这四个关键阶段应该教会学生什么数学内容，应该如何设计并实施教学方案。关于测量的总目标包括使用和应用测量、理解测量等方面，主要集中在关键阶段 1 和关键阶段 2。

关键阶段 1：使用和运用测量，应该教会学生选择使用恰当的数学工具来解决测量与测度问题；使用正确的语言和词汇表示测量。理解测量，应该教会学生估计物体的大小，通过直接比较运用恰当的语言对它们进行排序；用一致的非标准单位比较和测量物体，然后用长度的标准单位比较和测量。（曹一鸣，2012）[399-400]

关键阶段 2：使用和运用测量，应该教会学生认识度量的标准单位。理解测量，应该教会学生认识长度的标准度量单位；在问题中选择合适的度量单位，并用它们估计日常生活中物体的尺寸；度量单位的转换；知道英制单位仍在生活中应用。认识到度量是一种近似方法，针对一个问题选择运用合适的测量工具，解释读数并读出较为精确的刻度，用小数点记录读数。此外，还要求结合小数的学习，教会学生转换厘米、毫米和米等长度单位，然后转换毫米和米、米和千米等，并解释方法和理由。（曹一鸣，2012）[403-404]

> **思考**
>
> 关于上述"解释读数并读出较为精确的刻度，用小数点记录读数"，我国是把长度测量安排在小数学习之前的，那么学习小数之后是否可以再让学生用尺子测量物体的长度呢？这样教学的价值是什么？

关键阶段3：测量与作图的要求是应该教会学生：解释一些测量工具的刻度；知道测量单位不同从而读数不同；认识到读数时近似到相邻的单位刻度不如估读到最小刻度的1/2精确；会根据度量单位转换测量的结果，知道与英尺、英里等价的度量标准；能熟练地估计日常生活中的度量。（曹一鸣，2012）[411-412]

英国的课标对长度测量的教学要求，比较重视测量结果的表达，如使用正确的语言和词汇表示测量，又如认识到读数时近似到相邻的单位刻度不如估读到最小刻度的1/2精确等。通常理解，近似到相邻的单位刻度采用"四舍五入"法去除最小的单位，如3.26米保留一位小数约3.3米，如果估读到最小刻度的1/2，即约为3.23米。这两种取近似值的方法，精确程度显然是不一样的。英国课标中类似于这样的表述，要求是十分具体的，比"学会正确地估读测量结果"要具体得多，指导意义也更强。

> **思考**
>
> 把一个测量结果估读到最小单位的1/2，对于学生看待测量中的误差有什么意义？

荷兰课程标准的要求

荷兰学生的数学学业成就在西方国家中名列前茅，其著名数学家弗赖登塔尔是20世纪最伟大、最有影响的数学教育家之一，他的数学教育思想在全世界影响深远，对20世纪国际数学课程改革与发展做出了重大贡献。

从1998年起，荷兰开始颁布全国统一的"教育获得性目标"，这是类似国家课程标准的政府文件。其中对长度测量的教学要求分小学阶段与中学阶段，小学阶段的要求是：学生应知道最重要的量及其与对应的单位之间的关系，知道常用的长度单位，并且能把它们应用到简单的情境问题中去。中学阶段的要求是：学生能根据有关的参考资料估计一个计算或测量的结果，并能通过检验来判断这个结果是否在允许的范围内；了解长度计量单位，并能运用这些单位进行计算。（曹一鸣，2012）[256-258]

相比较而言，这个课标对长度测量的描述比较概括，不像其他国家的课标那样具体，而且在学段的安排上也比较靠后，像"了解长度计算单位"这样的目标，在绝大多数国家都是在小学阶段学习的，荷兰是个例外。

日本课程标准的要求

日本在1998年发表了关于课程标准改革的报告，确定了课程改革的目标，并且把小学数学教学内容归纳为4个领域：数和计算，量和测定，图形，数量关系。（曹一鸣，2012）[182]在日本小学算术内容结构与组织框架中，分年级描述了量与测量的教学要求。

第一学年主要学习量的大小与比较，要求学会直接比较长度的大小，以周围物体为标准分类并比较大小。第二学年主要学习长度测量单位和测量的含义，要求了解单位长度毫米、厘米。第三学年主要是加深对长度的理解，了解长度单位千米，能够估计长度，根据目的选择测量单位和计算器，会测量长度。

从目标的描述上可以看出，日本与我国对长度测量的教学要求比较相似，目标中没有出现类似于体会统一度量单位的重要性这样的表述。但事实上，日本小学数学十分重视量的认识，把它看作小学数学的一个重要组成部分。首先是要求通过操作建立正确的量的概念，其次是重视各种量的实际测量，从对自然物品所进行的测量中引出常用的计量单位，同时注意通过各种活动培养学生估计某种量的大小，最后是进行一些有关的计算。

澳大利亚课程标准的要求

《澳大利亚全国统一数学课程标准》内容包括数与代数、测量与几何、统计与概率三部分。"测量与几何"中对测量单位的使用从学前学段开始要求。学前学段的总目标：使用直接和间接的比较，区分哪个更长，并用日常语言解释原因。具体要求：直接比较物体，通过将一个物体放置在另一个的对面区分哪个更长，使用合适的语言描述测量属性，如高的、更高的。

一年级测量单位的使用总目标：借助于统一的非正式单位，测量、比较成对物体的长度。具体要求：理解为了对象比较的意义，测量单位必须相同。

二年级测量单位的使用总目标：使用统一的日常生活中的单位，对几个图形和物体进行长度的比较和排序。具体要求：借助于手指的长度、手的宽度或是一根绳子进行长度的比较。

三年级测量单位的使用总目标：使用熟悉的长度进行测量、排序和比较。具体要求：认识和使用单位厘米和米，认识测量中使用相同单位的重要性，认识到公制单位并不仅仅是世界上唯一的测量单位，如测量距离用英里。

四年级测量单位的使用总目标：使用刻度工具测量和比较物体的长度。具体要求：在多种测量工具中，读出和解释最精确的分等级刻度。

五年级测量单位的使用总目标：选择恰当的测量单位进行长度测量。具体要求：认识到某些测量单位在一些测量中要优于其他的测量单位，例如，测量两个城镇间的距离时，使用千米为单位要好过使用米为单位；研究刻度的可替代方法，以证明国家之间刻度的变化，而这种变化是随着时间而变的，例如，在澳大利亚、印度尼西亚、日本和美国等国家中温度的测量。

六年级测量单位的使用总目标：将小数表达式应用到公制单位上。具体要求：认可测量的等价性，如1.25米等于125厘米。

澳大利亚课程标准中对长度测量的教学要求分散于学前学段到六年级，每个年级都有相应具体的教学要求，对重要的目标要求采用螺旋上升的方式来设计。例如，统一度量单位的重要性，一年级具体要求"理解为了对象比较的意义，测量单位必须相同"；三年级要求"认识测量中使用相同单位的重要性，认识到公制单位并不仅仅是世界上唯一的测量单位"；五年级要求"研究刻度的可替代方法，以证明国家之间刻度的变化，而这种变化是随着时间而变的"。

> **思考**
>
> 把温度的测量也纳入数学课程中有什么意义？是否更利于学生理解物体的可测量属性呢？温度的测量与长度的测量有什么相同之处？

加拿大课程标准的要求

加拿大的数学课程标准也是多样化的。西北部教育协定组织的课程标准中，长度测量的教学从幼儿园开始，要求使用直接比较法来比较物体的单一属性，如长度；二年级要求把测量单位的大小与长度测量的单位联系起来（仅限于非标准单位），用非标准单位按长度进行比较和排序，并给出比较的说明，使用与长度测量标准单位较接近的非标准单位，说明更改物体的方向不会改变其度量的性质；三年级要求理解长度的测量单位厘米和米；五年级要求理解长度的测量单位毫米。

> **思考**
>
> "更改物体的方向不会改变其度量的性质"是什么意思？看似生活经验中的常识，为什么在数学里要强调呢？联系数学的公理化思想说说你的想法。

加拿大安大略省课程标准中规定，测量包括有关可衡量对象的属性和测量过程，并且指明了学习测量的意义，现实生活和科学、社会研究以及体育等领域均涉及测量问题。学生进行复杂的测量活动时，计算和测量两种技能都得到了增强。对于度量和测量，总的教学目标是：培养学生理解度量单位之间的关系，感受米等单位的量度，进一步熟悉测量，学生将意识到不同单位的大小，使用非标准单位与基本公制单位来测量物体的相关度量。具体要求是：一年级使用非标准单位测量物体，利用测量比较量的大小，调查测量单位与被测物体之间的关系；二年级使用厘米和米来测量物体的长度，选择表征厘米和米的个人参照；三年级使用千米测量距离，使用标准单位测量物体的长度；四年级使用毫米测量长度；五年级掌握从米到厘米、从千米到米的转化。

加拿大魁北克省数学课程标准指出，测量的学习包括比较和估计大小，应用标准和非标准的测量单位，还包括理解几何图形之间的关系。例如，当确定图形全等时，学生需要认识到使用相似的或相同的度量单位；当探究一个几何图形能否重复嵌入另一个图形时，学生需要用到镶嵌或测量。

加拿大大西洋地区数学课程标准要求掌握测量的概念和技能，包括直接测量和间接测量。关于长度测量,一至三年级的要求是:理解与测量相关的一些基本概念,理解长度的意义;识别和使用非标准和标准计量单位,交流它们的意义;在日常生活情境下,估计和决定使用什么测量单位,发展对相对单位大小的感知力。四至六年级的要求是:加深对测量中概念及其性质的理解;使用标准单位进行交流,理解常用国际标准单位之间的关系,并在给定的情况下能够选择合适的标准单位;在有关问题情境下估计使用哪些测量概念与技能,并在其中应用这些概念和技能,选择和使用适当的测量工具和单位。

加拿大的课程标准对于长度测量的教学,比较重视测量的意义与性质的理解。例如要求说明更改物体的方向不会改变其度量的性质,又如把测量的意义与理解几何图形之间的关系结合起来,甚至到了高年级仍要求加深对测量中概念及其性质的理解。有趣的是,一个国家不同地区设计的课程标准,对长度测量的教学要求看不到完全一致的描述,这是人们对教育内容及其价值认识多样化的生动体现,也是国家多元文化的一个微观缩影。

芬兰课程标准的要求

从人口数量、区域面积和经济规模上看,芬兰都算不上世界大国,但是这个国家的教育事业发达,连续几次在"国际学生评价项目(PISA)"中表现优异,引起全世界的普遍关注。

芬兰最新版的数学课程标准是2004年生效的,名称是《基础教育国家核心课程(2004)》,该课标明确指出,数学的教学任务是培养学生的数学思维,学习数学思想和广泛应用数学知识解决问题的方法。教学是为了培养学生的创造力和严谨的思维,以及引导学生发现、提出并解决问题。数学课程将一至九年级分为三个学段,第一学段是一至二年级,第二学段是三至五年级。在第一学段中测量是独立的分支,在第二学段测量归入几何分支。

第一学段测量的内容标准包括:测量的原则;长度、量;使用度量工具;使用和比较最重要的度量单位;评估测量结果。相应的评估标准是:知道如何使用简单的测量工具进行测量,知道主要的度量单位,如长度;能够表示日常生活中简单问题的必要数据信息,并能够用数学知识和技能解决这些问题。

第二学段测量的内容标准包括：加强对测量原理的理解；度量单位的使用、比较和换算；测量结果的评估、修正。相应的评估标准是：理解测量原理；知道如何预估所测物体的大小并判断测量结果的合理性；用恰当的度量单位表示结果。

在芬兰的课程标准中，长度测量的内容在两个学段作为不同的分支，这是一个比较灵活的处理方式，体现了同样的内容在课程中不同的比例与重要性。此外，理解测量的原则与原理，评估与修正测量的结果，是芬兰课程标准中对长度测量比较有特色的目标要求。把评估的标准写进课程标准，对于课标的实施与监测会起到重要的作用。

> **思考**
>
> 如何引导学生评估与修正测量的结果？请举例说明。

法国课程标准的要求

法国在2008年对小学数学课程标准进行了修订，把量值与度量作为独立的部分，长度测量的标准主要在第二阶段和第三阶段。第二阶段是指预备课程和基础课程第一年，用两年时间完成。第二阶段要求学生学习常见的长度单位厘米、米、千米，并会比较这些单位，也会解决一些涉及长度的问题。预备课程中要求按长度把物体进行比较和分类，使用刻度尺画出线段，并比较线段的长度。基础课程第一年要求认识米和厘米、千米和米之间的关系，测量线段、距离，解决长度的问题。在第三阶段基本课程的第二年也有长度测量的要求，主要学习长度米、千米、厘米和毫米，使用工具来测量长度，然后用一个整数或两个整数限制的范围来表示这个度量值。

> **思考**
>
> 怎样用两个整数限制的范围来表示一个度量值？能联系数感解释这种表示的教学价值吗？

把量值与度量加以区分并作为一个独立的部分，是法国数学课程标准的特点之一，重视测量活动中对线段的使用也是这个课标的重要特点，要求包括用刻度尺画线段、比较线段的长度、测量线段的长度等。此外，使用工具进行长度测量，然后用两个整数限制的范围来表示这个度量值，也是一个比较有特色的目标要求，它的现实意义在于，不必把线段长度的测量限制在整厘米，摆脱了这个束缚，学生测量结果的表达也更科学。

德国课程标准的要求

与发达国家的地位不相称的是，德国学生在国际数学能力评价方面并不处于优势地位。在32个参与国中，德国学生的数学能力处于第20位。这样的现实直接催生了2004年《小学毕业生数学教育标准》的制订。该标准把"大小和计量"作为与"算术和运算"、"空间和形状"、"模式与结构"等并列的部分。其中长度的计量包括：认识长度的标准单位；能够比较、测量和评估大小；认识有代表性的标准单位，这对日常生活很重要；认识并在不同的大小单位之间进行转换。关于大小的问题包括：运用合适的单位和不同的仪器进行计量；运用重要基准解决实际问题；在实际情况下合理运用估算评估大小；解决与大小计量相关的问题。

相比较而言，这个课标对教学内容与要求的规定是比较笼统的，不仅条目不清，而且不容易把握内容的实质，如"运用重要基准解决实际问题"就是一个不清晰的内容，也是一个不明确的目标。

南非课程标准的要求

2002年，南非正式颁布《国家课程标准（修订版）》，这个课标强调以结果为本的教育，它致力于使每个学习者都能最大限度地发挥自己的潜能。

学前至三年级称为基础阶段，此阶段测量的核心学习结果包括：知晓在人类历史发展过程中，经过不同文明的共同努力，人类具有了运用一定方法进行测量的能力。测量主要关注选取和使用恰当的单位、工具和方法去量化事件、图形、物体和环境的特性；测量直接联系着学习者的科学、技术和经济世界，它能够使学习者做出合理的估计，对测量及其结果的不理性保持警觉；应当选择一些情境，使得学习者能够将测量与对其他学习内容和对人权、社会、经济、政治、环境问题的理解联系起来，例如，学习者应当能够：测量和比较学习者从家到学校所需的时间以及家与学校的距离，将大坝的容积和某一社区水龙头流出水的体积进行比较，衡量工作时间及其工资收入的关系;将陆地的分布和人口规模进行比较;使用技术、自然科学和社会科学中的测量单位。(曹一鸣,2012)[357-358]

基础阶段的重点是,学习者通过动手操作不同实物和实际图形来理解测量的概念,进行这些探索时,应当使用非标准的计量单位(如用身体的一部分、容器或是脚步进行计量)以及进行直接的比较。学习者应该学会用恰当的词汇来描述这些比较(如"比……短"、"比……长")。

除学习结果与重点之外,还有分年级的评价标准,要求学习者能够在不同的情境中使用不同的计量单位、工具和公式。学前要求使用恰当的词汇比较和排列物体从而描述其长度,如较长、较短、较宽、高的、矮的;一年级要求使用非标准计量单位(如手掌宽度、步长)来估计、测量、比较和排列空间中的物体;二年级与三年级的评价标准与一年级几乎完全一致。

四至六年级是中级阶段,测量的核心学习结果以及学习测量的意义描述与基础阶段相同。中级阶段的重点是,应该为学习者介绍测量中的标准单位以及测量中恰当使用测量工具。学习者应当能够估计并且通过精确的测量进行验证。有效的教学策略是将学习者置于多种多样的测量活动中,这样就会使他们有机会在恰当的测量单位之间进行选择与转换。测量为简分数和小数的使用提供了一种情境。中级阶段要求测量应该让学习者能够讨论和描述测量工具的历史发展过程。

> **思考**
>
> 测量为简分数和小数的使用提供了一种情境,你能设计运用测量引入分数或小数的教学片段吗?从测量引入分数或小数的意义是什么?

四年级的评价标准是:使用恰当的测量工具(对它们的局限性有所理解)以达到一定的精确度,包括长度测量的尺子、米尺、卷尺和滚轮;探究并取近似值(个人或者作为小组成员的身份);使用细线和尺子或卷尺测出圆周长。五年级与六年级的评价标准与四年级一致。

南非的课程标准独树一帜。第一感觉是课标的描述中带有政治色彩与价值取向。在体例上,除了学习结果、阶段重点之外,还有分年级的评价标准。只是课标的描述中,两个阶段内的三个年级的评价标准几乎一致,看不出阶段中各年级的层级递进与螺旋上升。在内容方面，南非的课标把测量学习放在更大的背景中描述，如要求测量的教学要"使得学习者能够将测量与对其他学习内容和对人权、社会、经济、政治、环境问题的理解联系起来"，这在其他国家的课标中都是没有的。南非的课标更加注重对测量活动的全面理解，如"有效的教学策略是将学习者置于多种多样的测量活动中，这样就会使他们有机会在恰当的测量单位之间进行选择与转换"，它能够使学习者做出合理的估计，对测量及其结果的不理性保持警觉，此外，还要求选择一些情境，使得测量与简分数和小数的使用联系起来。相比较而言，南非的课程标准中对测量的要求是比较全面、具体的，当中填补了不少测量教学目标要求的空白，如对测量工具发展历史的背景了解。

> **思 考**
> 长度的估计是对测量的不理性保持警觉，提示了估计长度的教学价值，如同计算时通过估算对结果的合理性做出分析判断。

2.3 课程标准（教学大纲）比较得到的启示

国内课程标准（教学大纲）纵向比较得到的启示

通过对我国百年来课程标准（教学大纲）中关于长度测量的检索，不难看出这样一个发展线索：在我国早期的数学课程当中，对长度测量的教学比较强调知识的实用性，无论是教学内容安排还是目标设计，都与生产或生活实践紧密相连，体现了学以致用的特点。长期以来这个特点得到了保持，但也限制了其他方向的拓展。

数学课程的发展得益于国家的发展与社会的进步。改革开放的政策投射到长度测量的教学中，一个明显的标记就是教学内容的变化与目标的拓展。比如改革开放之前，主要学习市制单位，随着改革开放的推进，逐步从市制单位过渡到公制单位。这个变化给长度测量教学带来的影响是深远的，不只是单位名称的变换与替代，还有教学目标的拓展与教学方法的改进。

概括地说，我国长度测量的教学内容设计与目标要求是做了一个加减法。

> **思考**
>
> 做加法指的是什么？做减法呢？把你的思考简要地写下来，看看与后面的分析是否一样。

在我国，早期长度测量的教学主要是围绕测量方法与单位换算展开的，新世纪以来的课程改革，把体会统一度量单位的意义以及选择合理的测量单位作为重要教学目标，在测量的意义与方法上做了加法，相应地，对于单位换算与运算进行了较大幅度的削减，在纯技能方面做了减法。这一加一减，是长度测量教学的深度变革，这个变革是在对长度测量的教育意义与价值深度理解之后的调整。从这里也可以看出，数学是发展的，是动态变化的，作为教育内容的数学也不是一成不变的。长度测量是与日常生产生活联系比较紧密的内容，也是受社会发展影响比较深远的教学内容。

长期以来，我国历经了多次数学课程改革，在"长度测量"上没有颠覆性的变化，最大的变化就体现在新世纪的课程改革中。这次深度变革，把体会统一测量单位的必要性、选择合理的测量单位、在估测长度中发展空间观念作为长度测量的重要目标，是新时期课程标准较之传统的教学大纲的一个重要发展。从各种资料上看，这种变化是借鉴外国教学优点的成果，是国际视野中课程比较的成果。取长补短，这种跨越国界的比较与交流，推动了长度测量教学的深度变革。有理由相信，这样的变革是积极的、有意义的。从中可以思考的问题是：为什么百余年来没有什么变化，而在新世纪突然来个大的转向呢？国际交流是一股十分强大的推动力量，如果闭关自锁，长度测量教学仍可能止步不前，课程改革也不可能走在世界的前列。

当然，变化中也有一些不变的东西。如强调长度的实际测量就是百年来一脉相承的教学要求，只是随着时代的变迁与社会的发展，一些简单的换算与名数的四则运算已不再成为教学的重点，教学转向了发展空间观念等更有价值的目标上。这种变化体现了数学教育从机械走向灵活，从单一目标向多维教学目标的发展轨迹。

国际课程标准横向比较得到的启示

课程标准的国际比较打开了一个观察世界课程改革的小窗口，从这个窗口看出去，外面的风景不仅美丽，而且精彩。特别是，不同的国家在新千年前后，都积极地推动了新的数学课程改革，这个重要背景对课程标准的国际比较产生了两个重要的意义：一是这些课程标准产生于同一历史时期，使得课程设计的历史影响降到最低，可以把社会进步的影响因素排除在外，为比较与研究提供了极大便利；二是各个国家在这个历史节点上推动的课程改革，都有一些预见性与前瞻性，从这样的角度去看，课程标准国际比较就是对发展趋势的观察。

> **思考**
>
> 通过以上的国际比较，你觉得关于长度测量的教学，最值得我们借鉴的是什么？

具体地说，不同的国家为长度测量设计了有共同点但也有区别的教学内容与目标要求。分析不同国家关于长度测量教学目标的共同点，可以归纳出哪些目标是核心的，是重要的；比较这些目标的不同点，可以丰富对内容与价值的理解。

例如，选择恰当的测量工具与度量单位，学习测量的操作方法，同一测量属性中不同单位之间的换算，体会统一度量单位的必要性，等等，这些都是许多国家共同的教学目标。

教学在不同的文化下差异是很大的。不同国家由于课程设计的基本理念不同，对数学教育的价值与意义的理解也有区别。在众多国家的课程标准中，找不出两条描述完全一致的教学目标。这种差异不只是体现在语言形式上，还体现在内容实质上。有些国家课程标准中关于长度测量的目标描述，可能正是我们比较忽视甚至没有关注到的。例如，理解物体可测量的属性以及测量单位、系统和过程；理解测量是近似的，采用不同单位会影响测量的精度；认识到读数时近似到相邻的单位刻度不如估读到最小刻度的 1/2 精确；认识到某些测量单位在一些测量中要优于其他测量单位；更改物体的方向不会改变其度量的性质，等等。这些描述弥补了我们许多认知的缺陷，可能使得我们对测量有更加深入的理解。

　　不过，教学目标的差异是相对，而不是绝对的，并且带有较强的地域色彩。如我国与日本同处东亚文化圈，这两个国家关于长度测量的标准就比较接近，而它们与欧美那些国家的差异就比较大。一个国家的文化与所处地域对教育的影响之大，可见一斑。

3 教材研究

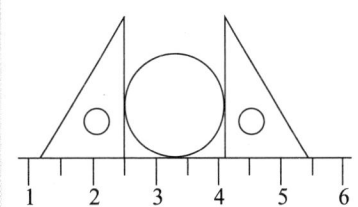

每一次的数学课程改革都对教材影响至深。比较我国不同时期数学教材中对长度测量的编排，可以更具体地感知数学课程的发展，甚至教育理念的变化也可见一斑。对教材的特点进行分析与比较，也是开拓教学设计的视野、全面理解教学内容的重要途径。

在我国，新千年推动的数学课程改革，对传统教材的定位造成了很强的冲击。

首先，数学教育的目标，不再仅仅是传授数学知识，还包括了学生对数学学习过程的理解和方法的掌握，数学思想的养成，以及在情感、态度和价值观方面的发展。因此，数学学习的内容不只是写在教材上的数学知识，还包括了数学知识背后的数学思想方法，以及更广泛的数学文化。

其次，学生的数学学习不是简单的接受，而是一种原有思维框架基础上的建构，教学过程不应该只是一种单向传递，而是学生、教师、教材以及环境之间的多向互动和探究的过程。在这样的互动中，教材不仅应向学生陈述知识，还应该注意联系学生原有的思维框架，引导学生在交往互动中生成新的正确的理解。

最后，知识在不断发展与变化，不断丰富的数学知识信息使得数学教材不能包容学科的全部知识，教材只能向学生展示一些学科领域的关键知识、方法、过程以及数学与其他学科之间的关系。因此，教材应当是帮助学生进行学习并学会学习的工具，是引导学生理解人类已有经验和知识的媒介。

3.1 1949—2000 年教材中长度测量编写情况

在不同的历史阶段，长度测量教学的具体内容与教学重点的差异还是比较大的，这是人们对知识理解不断深入之后调整的结果，这种变化在教材中的体现，就是内容不断丰富，并且更加侧重于对测量的意义、本源以及文化的理解。在我国，以 2001 年推动的课程改革为界限，以前的教学还是侧重于单位的换算和名数的四则计算，而 2001 年以后，增加了体会统一度量单位的重要性，在估测的过程中培养学生的空间观念等。总之，这个变化可以概括为教学内容更加丰富、目标更趋多元化。

1949—1978 年教材的编写情况

1949 年中央人民政府教育部成立之后，就十分重视教材建设。马叙伦部长在第一次全国教育工作会议上指出：全国教育的制度，各级学校的课程、教材、教学方法、师资等，都要有一个彻底的，同时是有计划有步骤的变革和解决。当时的课程标准对教材编选的要求中指出：内容要充分地和各科教材配合、联系，并且和新社会工农生活的实际情况、迫切需要相符合；每个新方法的提出，都应以事实做例题，并把演算方法和注意要点详尽地加以说明，以便儿童自己学习。同时还强调，教材要紧跟时间和空间的变化，如物价的差异等，随时修改课本上的材料或指导书内的补充材料。

由此可见，这时的教材体现了联系实际、从儿童经验出发的重要特点，并且赋予教师修改教材材料的权利。应当说，这些编选要求为我国教材建设建立了一个良好的起点，并成为一种传统继承至今。

> **思 考**
>
> 教师不仅是教材的使用者，也是教材的建设者。说一说教师作为教材建设者，可以怎样更好地使用教材？

1973 年 8 月，杭州市上城区教育局教材编写组编写的小学试用课本《数学》第二册，以"学会用尺"作为单元标题，安排了实践活动，在第一课时的教学中，主要学习厘米和毫米两个长度单位，如图3-1。

五、学会用尺

实践活动：

量长短、高低要用尺。
大家拿出自己的尺。
认一认：1厘米有多少长？
　　　　1毫米有多少长？
数一数：自己的尺有多少厘米？

图3-1

如果单元标题或课时标题（这里没有课时标题）可以视作教学的核心内容的话，那么，这个阶段对学会用尺的理解还是比较狭隘的，主要局限于认识1厘米和1毫米，以及两个单位之间的进率。而对如何用尺子进行测量，没有做具体指导，也没有突出建立单位长度的过程。可以想见，在这种背景之下，学生对长度单位的认识主要来自于对尺子的识读。

虽然教材中没有对测量的活动进行指导，不过十分可贵的是，这时候的教材已经开始重视通过让学生认一认、数一数，在实际操作的过程中认识长度单位。教材中没有写出如何进行测量的操作活动，也没有对测量活动应当注意的事项加以说明，这样编排可以理解为这个操作活动是在教师的指导下进行的，而不可能是学生独立尝试的结果。这在一定程度上削弱了学生的操作活动。

> **思考**
>
> 初次学习使用尺子测量物体的长度有两种教学思路：一种是教师先指导，示范测量的方法，再让学生去测量；另一种是先让学生尝试，交流测量的方法与结果，再讨论测量的方法。这两种思路在教师指导与学生尝试的顺序上是相反的，你比较赞同哪一种思路？为什么？

与现行的教材相比，对单位互化的"高要求"是这套教材的一个重要的特点，如图3-2，通过尺子直观，学习相同长度单位的运算，特别是还涉及小数的运算，这与现行的教材编排有很大差异。

【例2】(1) 5厘米+3.5厘米=8.5厘米

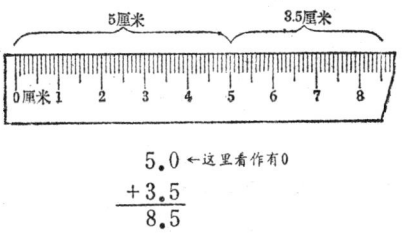

$$\begin{array}{r} 5.0 \\ +3.5 \\ \hline 8.5 \end{array}$$ ←这里看作有0

图 3-2

尺子图提示了计算方法，结果也很直观，这对学生理解两个数量及其相加的结果是有帮助的。从图中可以看出5厘米加3.5厘米的计算，联系到相同计数单位相加的重要知识，这在尺子直观中并不能很好地加以解释。

> **思考**
>
> 从尺子上看，这个计算方法可以解释为先算整数部分，即5厘米加3厘米，再算小数部分，8厘米加0.5厘米。这是一个高位算起的思路。这个思路如何与竖式计算的方法融合？

1979—2000 年教材的编写情况

这个时期教材编写工作的指导思想是：贯彻执行党的路线、方针、政策，为实现我国四个现代化培养又红又专的人才打好基础。教材编写改进了一些内容的呈现方法，如精简公制计量单位的复名数四则计算，改为化成小数再计算，加强了知识之间的联系。在教学上，要求在学习一些简单的几何形体时，注意通过观察、操作、制作、测量、画图等实践活动，使学生掌握长度单位、面积单位、体积单位的实际大小，初步培养和发展学生的空间观念。

> **小贴士**
>
> 复名数的四则计算，如3厘米5毫米+8厘米7毫米=12厘米2毫米，转化为小数之后的计算则是3.5厘米+8.7厘米=12.2厘米。你如何评价这两种计算方法？

由杭州师范学院教育科学研究室等编写、教育科学出版社1981年出版的小学实验课本《数学》第二册，以"市尺、市斤"作为单元标题（这一套教材没有课节标题），不能理解的是，如前所述，1973年版的教材已经不再用尺寸的单位，可这套教材却仍然沿用，说明这个时期的教材并没有严格的统一规定，同时也说明教材编写滞后于课程改革的进程。这套教材中，这部分开篇直接指出，要知道东西的长短，可以用市尺量，不够1市尺长的东西，可以用市寸量，然后直接介绍两者之间的关系。这里所说的直接，是指没有让学生经历需要创造更小的度量的思考。现在看来比较有趣的是，这种尺寸之间的十进制关系，还可以用算珠直观地表示出来，这种表示方法有其教学上的优越性。例如1尺=10寸，表示1尺可以用10寸来代替，反之亦然。这样代替的过程可以用拨珠的动作加以直观表达，相应地，长度单位的计算也要求在算盘上进行，如图3-3。

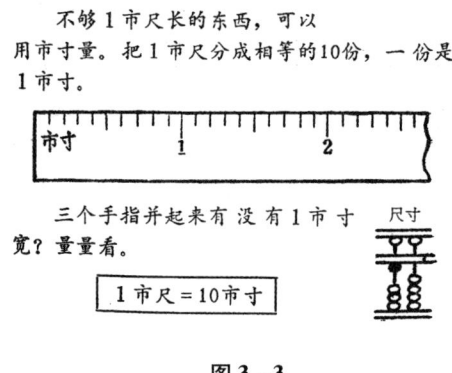

图3-3

如2尺等于20寸，1尺6寸-9寸=16寸-9寸=7寸。这种训练单位之间进率的形式，兼顾了数与位值的关系。

> **思考**
>
> 即使是在现代科技高速发展，计算器已经十分普及的今天，珠算仍然有它独特的价值，你觉得这个价值是什么？可以从计算过程的直观、位值理解等几个方面来思考。

本质上，在算盘上演算的过程与列竖式计算的过程是一致的。与竖式计算相比，在算盘上计算的缺点是参与运算的两个长度不能保留下来。因此，不能确定的是，这样的计算是否会增加难度或者导致更多的错误。但有一点可以肯定的是，在学生初学测量长度的时候就学习这种单位的换算，特别是复合单位的换算，折射出当时的教学十分注重单位换算，而不是建立长度单位的观念以及测量活动的具体操作。

1986年，教育部颁布了《全国中小学教材审定委员会工作条例（试行）》，在教材建设上，要求改革原有教材编审制度，把编、审分开，吸取国外的一些基本经验，在统一基本要求、统一审定的前提下，逐步实现教材的多种风格。

1986年课程教材研究所小学数学教材研究实验组编写的小学实验课本《数学》第二册，废弃了尺寸的长度单位，直接运用厘米和米等现行的长度单位。与之前的教材有所不同的是，教材设计了课节标题，即"测量长度，用厘米量"、从这个标题就可以看出，这个时候起，测量长度的教学目标已经悄然发生了转向，即从单位之间的换算，转向了认识单位长度以及学习测量工具的使用。这个变化在教材中可以得到验证。如图3-4，教材中呈现1厘米长的图钉，帮助学生建立1厘米的表象。此外，还有手指的宽度、手掌的宽度等。

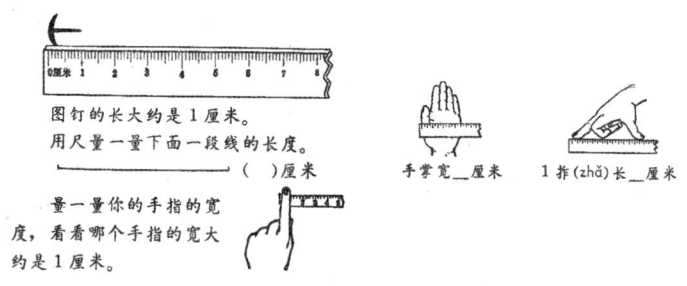

图3-4

与之前直接介绍抽象的长度单位相比，这个教材更加侧重于通过现实生活中的例子，让学生建立单位长度的空间表象，而且这些表象是学生身边的且熟悉的，如手指的宽度、手掌的宽度等。这与之前直接从尺子上认识1厘米或1分米有很大的不同，体现了长度单位教学与生活实际的联系，不只是教学材料与方法的变化，应当说也是教学观念的变化。

> **思考**
>
> 手指、手掌的宽度，就是随身携带的"尺子"。这种尺子有什么优点与不足？

1986 年由刘静和主编科学出版社出版的《现代小学数学》，与以往教材比较，较大的区别体现在两个方面，一是从认识测量工具开始，二是先认识长度单位米，如图 3–5。

你认识这些测量长度的工具吗？

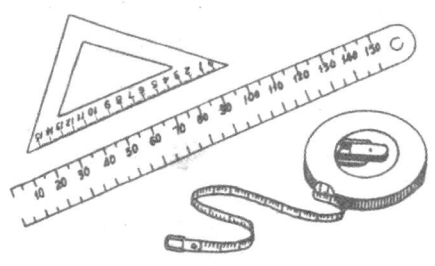

图 3–5

测量工具实际上是一个模型，是现实生活经过数学加工得到的，是一个抽象化和结构化的东西。先认识生活中的测量工具，体会在不同的工具中，一个长度单位是确定的，不管在什么度量工具上，1 厘米的长度都是一样的，这也可帮助学生体会统一度量单位的重要性。不过，对于抽象的长度单位的理解，特别是建立长度单位的空间观念，还是需要依赖现实生活具体实物的，因为这些实物与尺子相比，有不可替代的生动性与形象性。

> **思考**
>
> "测量工具是一个模型"这句话怎么理解？它的抽象化和结构化体现在哪里？

先认识米，并以米作为主单位，进一步认识分米和厘米这两个辅助单位，这有利于学生理解几个单位之间的关系，如图 3–6。

> 1 米 = 10 分米
> 1 分米 = 10 厘米
> 1 米 = 100 厘米

图 3−6

1 米与 1 厘米之间的逻辑关系，可以分米这个单位为中介推演出来，因为 1 米 = 10 分米，1 分米 = 10 厘米，所以 1 米 = 10 厘米 × 10 = 100 厘米。

> **思考**
>
> 你觉得先教 1 米好还是先教 1 厘米好？你是从哪个角度来思考这个问题的？

这一套教材强调了单位换算，但正文中没有强调测量的具体操作，新课中只要求看图读出物体的长度，相关的测量活动全部设计在练习之中。如果同一个内容是编在正文中还是编在练习中可以作为重要性的区分的话，那么我们认为，这样安排实际上是对测量的具体活动进行了降格处理。

> **思考**
>
> 测量的具体操作活动，应该作为教材正文的内容吗？还是安排在练习中就可以了？为什么？

1990—1995 年间，人民教育出版社出版了五年制和六年制义务教育小学教科书《数学（实验本）》，供义务教育实验区选用。对长度测量的处理，该教材强调了知识之间的联系，从一年级起，每一册都单独分单元安排一些几何图形的认识或长度、面积、体积的计算，并且注意与认数、计算、量的计量和应用题的联系与配合，量的计量的知识按照分散与集中相结合的方式进行编排，并且与认数、计算和几何初步知识适当配合。

1993 年，山东教育出版社出版的九年义务教育五年制小学试用课本，直接把"厘米和米"作为单元的标题，通过一个十分数学化的主题图引入，如图 3−7。

五、厘米和米的认识

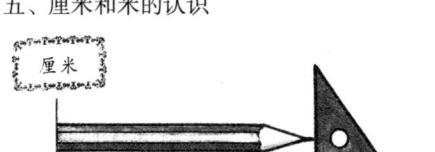

图 3-7

这是一个比较标准的测量图示，对初学者来说，这个测量过程提供了太多的"非标准信息"，这与当时台湾版的教材（后文中有具体论述）形成了鲜明的对比。这个测量图示，提示了几个要点，如一端与 0 刻度对齐，测量的物体与尺子平行，另一端对的刻度就是物体的实际长度。不过这些要求，只有具有相应测量经验的人才能从图中解读出来，对初学者来说，只能说是一个不能理解的示例。

> **思考**
>
> 为什么说这是一个初学者不能理解的示例？你可以重点思考：测量中为什么要有三角尺？如果没有三角尺，可以怎样测量？

作为对测量操作的具体指导，该教材在同一课中又进一步提出具体的操作要求，如图 3-8。

由此可见，该教材对测量方法的重视非同一般。此外，以上两个测量例子的选择耐人

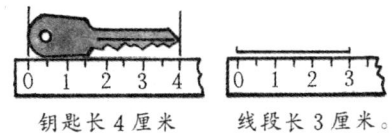

图 3-8

寻味，一个是实物长度的测量，一个是线段长度的测量。本质上，所有物体长度的测量，都可以抽象为对线段长度的测量。换一个角度说，物体长度的测量，实际上就是从尺子中找出与物体等长的线段。如果这样理解的话，线段测量本质上就是对实物测量进行抽象的结果，如同数概念的抽象一样。不过这里也有矛盾，即通常教材一般到高年级才正式出现线段的概念，线段的认识安排在测量的学习之后，这里不可避免地会出现未学先用。

> **小贴士**
>
> 把物体长度测量抽象为线段的测量,但真正教学线段的概念一般都在中高年级。未学先用的矛盾其实到现在还没有得到解决。不过话说回来,并不是说要先建立线段的概念才能学习线段的测量,先让学生接触线段之后再正式加以认识,也是可以的。

这套教材与其他教材的不同之处,还在于不再在第一课时安排单位之间的换算。与之前的教材相比,教学内容比较少,这使得教师有更多的弹性处理空间,特别是有可能把更多时间用于测量操作活动,使得学会用尺子测量长度的教学目标真正得以落实。

1993年,北京师范大学出版社出版的九年义务教育五年制小学试用课本《数学》第二册,对这一教学内容的编排与上述山东版完全一样,编者都是"五·四"学制教材总编委会。

1997年,由河南省义务教育五年制小学数学教材编写组编写、河南人民出版社出版的义务教育五年制小学课本《数学》,在测量长度之前,安排了一节准备课——比较线段的长度,并指出,通过测量才能得到具体的答案。这样,就把长度单位放在长度比较的背景下,突出了测量的重要性。该教材对认识尺子上的1厘米作了详细的解释,如图3-9。

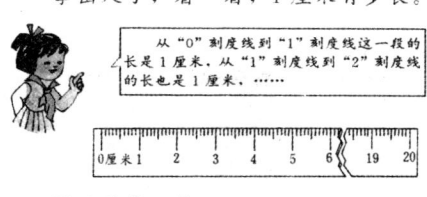

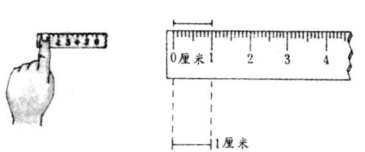

图3-9

绝大多数教材，对于1厘米的长度都是不加定义的，有的只是在尺子上用大括号加以标示，这里可以看作是一个比较具体的解释。概括地说，尺子上两个刻度或者说两个长刻度线之间的长度是1厘米，这种表达形式也是学生理解的途径之一。进一步，教材还提供了1个手指的宽度大约是1厘米，1条线段的长度是1厘米，给学生提供了多样化的认知途径。应当说，在建立1厘米的概念方面，这套教材提供的认知途径是比较丰富的。

> **思考**
>
> 什么叫作1厘米？学生需要形成概括性的理解吗？如果概括出凡是两个大格之间的距离就是1厘米，有什么好处？

2000年4月，由人民教育出版社小学数学室编写、人民教育出版社出版的九年义务教育小学教科书《数学》第二册，单元标题是"厘米和米的认识"，课节的标题是"测量长度"、"用厘米量"。从这个变化当中，可以看出这时的教学目标兼顾了单位长度的认识与工具使用两个方面。在具体的内容编排中，该教材要求从尺子上认识1厘米之后，让学生寻找生活中1厘米的例子。由此可见，这时的教材对单位长度的空间观念的落实更加具体，更具有可操作性，如图3-10。

图3-10

一个很小的细节也值得关注。过去的教材或其他教材，在测量长度的时候，往往只是集中于 1 厘米。事实上，1 厘米只是一个长度单位，或者说是一个标准。几个 1 厘米累加得到了几厘米，对于几厘米的测量有利于学生进一步增进对 1 厘米的理解。也就是说，1 厘米与几厘米的测量是相辅相成的。教材中让学生找出 2 厘米、3 厘米等不同的长度，对学生建立 1 厘米的空间观念也是有支持作用的。

3.2 2000—2011 年教材中长度测量编写情况

教材的变化与课标的制订以及修订息息相关。长度测量无论是在国内还是在国外，无论是在哪个历史时期，都是小学数学课程的内容之一，这是由长度测量的重要性与基础性所决定的。但是，在不同国家的不同历史时期，课标规定的教学的侧重是不一样的，因此在教材中的存在形态也不一样，包括长度测量什么重要，以怎样的方式呈现，以及知识的联系方式等。

2001 年实验稿课标颁布后，全国先后有六种版本的小学数学义务教育课程标准实验教科书出版发行。这些教科书都经过了"全国中小学教材审定委员会"审查通过，在全国不同的范围内使用。

义务教育课程标准实验教科书一览表

序号	教材全称	出版社	出版年	教材简称
1	《义务教育课程标准实验教科书·数学》（二年级上册）	人民教育出版社	2001 年	人教版
2	《义务教育课程标准实验教科书·数学》（一年级下册）	北京师范大学出版社	2005 年	北师版
3	《义务教育课程标准实验教科书·数学》（二年级上册）	江苏教育出版社	2002 年	苏教版
4	《义务教育课程标准实验教科书·数学》（一年级下册）	浙江教育出版社	2009 年	浙教版
5	《义务教育课程标准实验教科书·数学》（二年级上册）	西南师范大学出版社	2002 年	西师版
6	《义务教育课程标准实验教科书·数学》（一年级下册）	青岛出版社	2003 年	青岛版

人教版教材的编写情况

人教版教材在内容的设计上，注重学生已有的生活经验，注重学生对知识的体验。在几何教学方面，强调提供更丰富的内容和素材，设计丰富多样的探索性操作活动，发展学生的空间观念。在内容的呈现上，注意联系儿童的已有经验和兴趣特点，提供丰富的、与儿童生活背景有关的素材。

该教材把厘米与米的认识安排在二年级上册，单元的标题是"长度单位"。开始先安排了一节以测量活动为主的准备课，设计的学习材料主要是用不同的物体度量桌面的长度，在具体的操作与交流活动中体会统一度量单位的重要性。具体内容还包括以小正方形作为度量单位描述各种蔬菜的长度，选择临时单位如铅笔度量桌面的长与椅子的高，用小立方体作为标准单位估计常用学习用品如橡皮、蜡笔的长度。这些不同单位的选择，体现了人类发明统一度量单位的"真实"思考，通过选择不同的长度单位进行度量，有利于学生体会统一度量单位的必要性，并在具体的活动中积累度量的经验。

> **思考**
>
> 用边长为1厘米的小正方形或棱长为1厘米的小立方体测量物体的长度，从理论与实践上分别有什么好处？

教材把厘米的认识与米的认识安排在同一课时，先在尺子上认识1厘米的长度，然后通过估计哪些物品的长度大约是1厘米等活动，帮助学生了解1厘米的实际长度，建立1厘米的空间观念，如图3-11。

在准备课中学习用非标准单位度量与估计物体长度时，学生已经积累了度量需要单位的经验，尺子是度量单位的标准化。教材设计了多样化的方式帮助

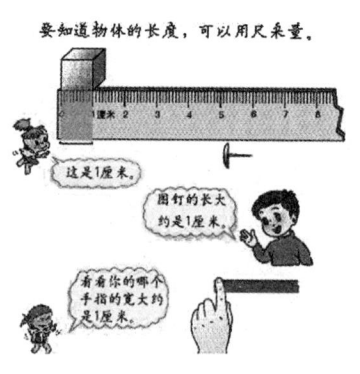

图3-11

学生建立1厘米的表象，先认识尺子上的1厘米，再从生活中寻找接近1厘米的物品，如图钉、手指的宽度等，丰富学生对1厘米的认知。

度量纸条的方法是，把尺子的0刻度对准纸条的左端，再看纸条的右端对着几，这根纸条的长度就是几。完成这个测量长度的活动需要新的技能，但仍然可以理解为是对1厘米长度空间观念的巩固。

生活是丰富多彩的，一把尺子不能度量千姿百态的物品，一个单位也不适合用来测量所有物品的长度，学生只有在亲历的体验活动中，才能意识到需要多样化的单位。教材安排了测量黑板长度的活动，引导学生在测量活动中认识到应当有更大的度量单位，由此引出米的认识。

> **思考**
>
> 在亲身经历的测量活动中学习测量，这是测量教学的一个基本原则。为什么要强调让学生亲历测量活动呢？

如果两个单位厘米和米之间是相互独立、毫无联系的，那么单位多了不是给人们带来方便，而是带来灾难。建立单位之间的关系是重要的，凭借这个关系，人们在选择合适的度量单位时，不仅操作会简单，而且可以在度量结果之间灵活转换。

> **思考**
>
> 如果两个长度单位是相互独立而没有联系的，为什么就会带来灾难呢？知识之间联系的逻辑，给人们学习带来怎样的好处？

所有物体长度的测量都可以抽象为对线段的测量，甚至用尺子画指定长度的线段，也可以理解为是另一种形式的线段测量。教材在认识了长度单位米，建立了米与厘米之间的关系之后，安排了线段的认识，并指出"线段是可以量出长度的"，然后学习画出指定长度的线段。这些活动既是学习测量的操作技能，也是丰富长度认识的空间表象。需要指出的是，"线段是可以量出长度的"这句话在教学中很难处理，无论说长度测量的本质是线段的测量，还是说线段长度是有限的，学生都不具备理解的相关基础。

> **思 考**
>
> "线段是可以量出长度的",这句话究竟是什么意思?

概括地说,人教版教材中"长度单位"这个单元教学的基本线索是:用非标准单位度量同一物体,可以得到不同的测量结果,从中体会统一度量单位的必要性;尺子设计了标准度量单位,运用这种单位方便测量;测量不同的物体需要选择合适的单位,这些单位之间有确定的关系并且可以转换。特别要指出的是,人教版2002年的教材在学习标准长度单位之前,增加了用非标准单位度量物体长度的活动,这有利于学生理解统一长度单位的意义,与之前的教材相比,突出了长度单位的文化内涵。

> **小贴士**
>
> 从文化内涵的角度理解统一长度单位的意义,也就是说,人类体会到统一长度单位的重要性,是一个重要的智慧与创造。学生学习时,如果体会到这一点,对长度单位的理解就更进一步了。

教材安排的练习,侧重于测量长度的实际操作活动,包括把物体的长度延伸到宽度与高度,先估计长度再测量比较,测量简单平面图形的边长,相同长度单位的加减运算,等等。比较有特色的练习设计有测量三角形各边的长度,测量长方形各边的长度,这为后面学习图形周长的概念与计算做了铺垫,如图3-12、图3-13。

先估计,再用尺量。

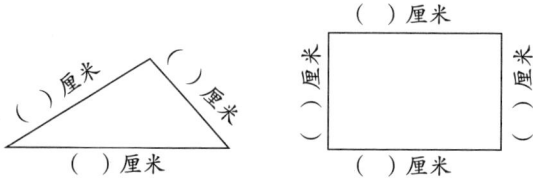

图 3-12

10. 看看哪条线段长,再量一量。

图3-13

两根线段看似不一样长,通过测量可以发现其实是等长的,我们的眼睛有时也会欺骗自己,通过这样的活动,可以增加测量活动的趣味性,体会测量作为一种科学活动的意义所在。

> **小贴士**
>
> 数学的直觉是很重要的,在解决许多重要的数学问题时,直觉都有不可或缺的作用。但是直觉得到的东西往往是不可靠的,因而还需要加以证明。在这里,测量可以看作是一种"证明"。

在三年级上册,教材安排了测量的教学单元,除毫米、分米的认识和千米的认识之外,还有千克的认识。

以认识厘米作为基础,认识毫米与分米时,教材设计的问题情境是先估计数学书的长度与宽度,再用尺子测量,当测量的长度不是整厘米时,产生了新的度量单位毫米,并通过观察尺子建立厘米与毫米这两个单位之间的联系,即1厘米=10毫米,最后说一说测量生活中的哪些物品需要用毫米作单位。这个问题情境的设计,简要地揭示了新单位的产生过程,并把空间观念的发展、测量的技能以及单位的应用场景整合在一起。

把1厘米进行均分,就得到更小的单位毫米;把1厘米聚合起来,就得到更大的单位分米。认识分米的教材编排基本思路与认识毫米相似,都是在度量中产生新的单位,建立新单位与原有单位之间的联系,建立1个单位长度的空间观念。

> **小贴士**
>
> 一个单位的聚合得到更大的单位，一个单位的均分得到更小的单位。这样，单位之间的逻辑关系就建立起来了。有了这种关系，可以根据需要把一个数量转化为另一个数量，否则转化就无法进行。

千米是比较大的长度单位，一般用来表示路程。教材的设计考虑到了学生建立 1 千米的空间观念可能存在的困难，对这个单位的认识主要通过体验活动来进行。特别是在操场上量出 100 米的距离，走一走，看看有多远，这是一个数学味比较浓的体验活动，在这个活动中学生既可以体会到 1 千米的实际长度，也可以建立 1000 米与 100 米的关系。

比较有特色的练习是通过测量判断一个图形是不是正方形，虽然仅测量边长不足以做出肯定的判断，但学生可以在这个过程中把图形的特征理解与测量的实际意义联系起来。

北师版教材的编写情况

北师版的教材，以大众数学的理论与实践研究为基础，以建构主义心理学理论为指导，教材的编写体现了注重数学与现实的联系，以数学活动为线索，以问题情境—建立模型—解释与应用为基本的叙述方式。

这套教材把厘米与米的认识安排在一年级下册学习。教材以"桌子有多长"作为问题情境认识长度单位厘米，让学生用自己的方法来说明课桌有多长，经历用不同的单位测量课桌长度的过程，再问为什么他们说的数不同，该怎么办。由此让学生体会统一度量单位的重要性，并介绍标准尺。对于尺子的认识包括多个方面的细节，如刻度的大小、数字的排列等，其中 1 厘米的长度是关键。教材中不仅标示了 0 到 1 两个刻度之间的长度是 1 厘米，而且标示了 4 到 5 两个刻度之间的长度也是 1 厘米，由此可进一步概括，尺子上的刻度是均匀设计的，两个大刻度（数字之间）的长度都是 1 厘米，这有利于学生理解 1 厘米是定长的属性。如图 3-14。

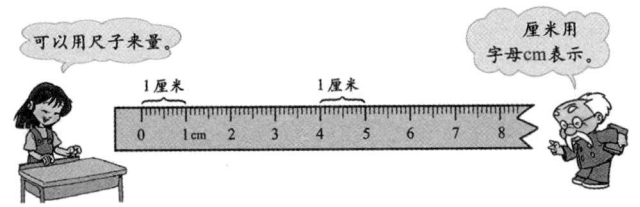

图 3-14

教材以去动物游乐园为主题，从身高 1 米以上要买票的问题情境中引出长度单位米。把 1 厘米长的小棒接起来，100 根的长度才够 1 米。这项活动实际上是再造尺子，学生经历这个过程，对 1 米与 1 厘米的换算关系印象深刻。

> **思考**
>
> 把 100 根 1 厘米长的小棒接起来得到 1 米，分析学生经历这个活动有什么价值？

两个单位之间的关系是确定的，对于学生的学习来说，更大的挑战是如何选择合适的长度单位。教材安排了选择单位的专项训练，选择米或厘米填入括号内，如门高约 2（　　），橡皮长约 3（　　）。这种练习联系到日常生活经验与空间想象能力，当然核心能力还是单位长度的空间观念。

对长度的估计是发展学生空间想象能力的重要训练，这项训练联系着数感、单位长度的空间观念以及估计的策略等多方面的能力，是一项综合性的训练。教材专门安排了"估一估，量一量"，学习用复合单位记录测量的结果，估计并测量自己的身高、步长，以及两手臂伸开的长度，学习估计长度的策略等。

> **思考**
>
> 为什么说估测物体的长度是一项综合训练？如果要估测教室的长度，需要哪些基础与能力？在你的答案里，有没有空间观念、数感等核心概念呢？

在学习长度单位厘米和米的基础上,教材还安排"估一估,量一量"的活动,并单独作为一节课。这对于发展学生对测量单位的理解以及数感都很有好处。估测物体的长度,需要的直接基础就是单位长度的空间观念,估测时需要回忆单位长度,再想被估测的物体可以分出几个这样的长度,这时数感也在发挥着作用。当然,实际的估测过程比这个描述还要复杂得多,涉及一些估测的策略与方法,如把较长的物体先折半来估计等。

在练习设计上,教材比较重视通过问题情境的设计,增加学习活动的趣味性,如长度单位的计算,见图3-15、图3-16。

图3-15

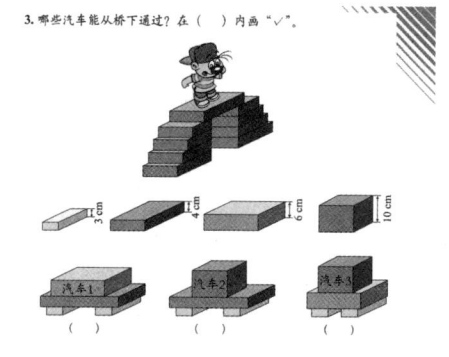

图3-16

思考

上面两个问题有什么共同特点?从中可以得到什么是好问题的启示吗?提示:从儿童学习数学的角度来看,童趣与现实性是很重要的两个方面。

此外，让学生建立 10 米长的概念也是很重要的。教材专门安排了练习，让学生思考多少个小朋友手拉手站成一排长度大约是 10 米，再让学生走一走，看 10 米大约有多少步。这种经验加体验的学习，不仅有效而且有趣。

教材在二年级下册安排了测量单位的教学，以铅笔有多长作为课题教学分米和毫米的认识，以 1 千米有多长作为课题教学千米的认识。教材以厘米作为主单位，强调根据测量的方便与实际需要设计新单位，如铅笔的长是 10 厘米，就可以用 1 分米表示；再如铅笔长 6 厘米多，把 1 厘米平均分成 10 份，多出的部分是 3 小格，表示为 3 毫米。教材还安排了数学故事，让学生体会一个长度数量是由数与长度单位组合而成的，统一长度单位方便了交流，如图 3－17。

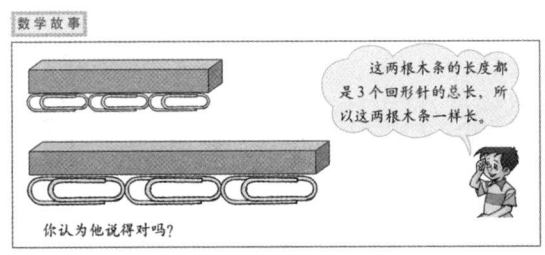

图 3－17

(二) 苏教版教材的编写情况

苏教版教材以改善学生的学习方式，培养学生的创新意识和实践能力为重点，教材的编写注意处理好三个关系：数学知识的逻辑性与学生认知的阶段性之间的关系，数学知识的抽象性与学生思维的形象性之间的关系，数学知识的确定性与学习方式的多样性之间的关系。

这套教材以"量长度"为单元标题，把厘米与米的认识安排在二年级上册。第一课时是认识线段，并指出直尺、黑板、课本的每条边都可以看作线段，并学习利用一些工具画线段。第二课时主要学习用非标准单位测量长度，讨论为什么测量得到的数不同，再学习长度单位厘米，用尺子测量物体或线段的长度，用尺子画指定长度的线段。第三课时学习长度单位米以及米与厘米的换算，注重通过学生身边熟悉的物体帮助学生建立 1 米长的空间观念。第四课时认识各种各样的尺，包括标准尺、身体中的尺，并学习测量的策略，学习用学生尺量物体的长度，想办法测量篮球场的长度与篮球架的高度，选择合适的测量工具与测量方法。

这套教材测量长度的编写是比较有特色的，主要体现在两个方面：一是在学习测量之前，先认识线段，并独立成课；二是把尺子的认识放在测量单位的学习之后，侧重于测量工具的选择与测量策略的学习。相比较而言，其他教材侧重的建立单位长度的空间观念，在该教材中有所体现，但无论是从篇幅还是从出现的频率上来看，都是比较弱化的。正如教材中的单元标题"量长度"一样，这套教材比较侧重于让学生经历测量的操作活动，测量的技能与策略的要求似乎比其他的教材更高一些。例如，教材中提出这样的问题：不爬到篮球架的上面，你有办法量出球架的高度吗？你还能量出篮球场上哪些线段的长度？用什么工具量？这些问题都是测量问题解决中的综合性问题。

对测量方法的要求，除了设计以上这些综合性的任务之外，在简单的测量活动中，教材也比较注重提升测量活动的思维含量，比如用学生尺测量一张纸上、下、左、右四条边分别长多少厘米，让学生说一说通过测量发现了什么。除此之外，还让学生用这张长方形的纸折出一条折痕，量出它的长度，再思考怎样折得到的折痕最长，在测量的操作活动中引导学生理解或发现图形的特征。

> **思考**
>
> 把测量的具体活动与图形特征理解结合起来教学，有什么好处？

教材把分米和毫米安排在二年级下册，并且作为一个独立的学习单元。在分米的认识中，开门见山指出10厘米是1分米、20厘米是2分米，然后在尺子上找出1分米，在米尺上数一数1米有几分米，通过多样化的活动建立单位之间的关系。毫米是比较小的长度单位，对这个单位的选用教材列举了多样化的例子，如硬币的厚度、银行卡的厚度、10张纸的厚度等，这些例子有利于学生建立1毫米的表象，而且对学生合理地选择长度单位也会起到支持作用。

对长度单位的理解包括两个方面：一是这个单位本身的长度，二是单位之间的关系，前者即是单位长度的空间观念，后者主要是单位之间的换算。单位换算也是理解长度单位的重要方式，教材为单位换算设计了具体的问题情境，如图3-18。

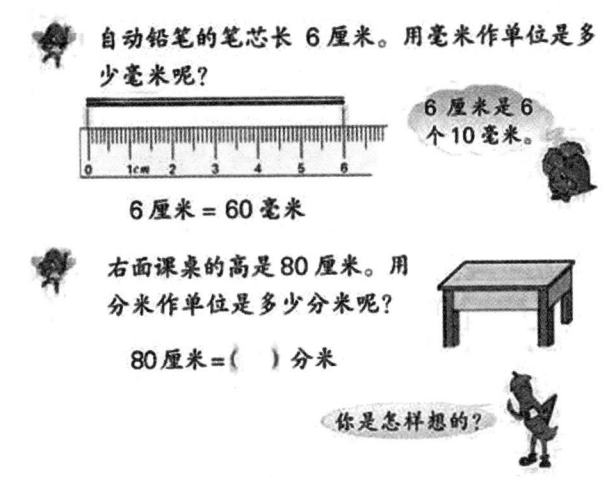

图3-18

此外，还有利用观察测量的综合实践活动，如图3-19。

图3-19

教材把千米的认识安排在三年级下册，首先交代千米一般用来测量铁路、公路和河流的长度，然后让学生在操场上观察100米的长度，指出10个100米是1000米。教材比较注重对1000米实际长度的理解，如图3-20、图3-21。

图 3-20

1. 从小明家到哪里正好是 1 千米？在图上画出来。

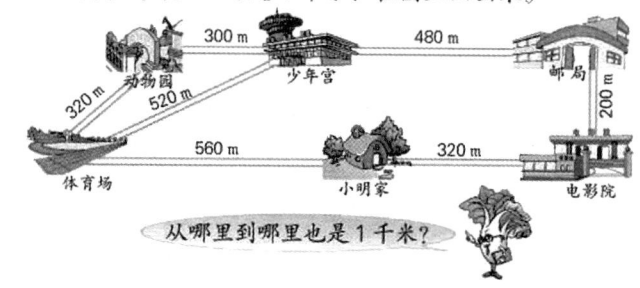

图 3-21

不仅如此，教材还专门安排了了解千米的实践活动，借用学生熟悉的时间长度感知千米的长度，如图 3-22、图 3-23。

图 3-22

图 3-23

> **小贴士**
>
> 时间的测量与生活息息相关，学生对时间的测量经验往往比较丰富。可让学生以实践的方式感知走 1 千米需要的时间，以时间观念支持 1 千米长的空间观念。

浙教版教材的编写情况

浙教版教材以发展学生的思维能力为核心，重视学习内容的序列设计，重新思考知识的联系方式，通过不同领域内容之间的整合、同一知识体系内部知识点学习顺序的调整、不同阶段学习内容的有机整合等方式，打造了新的教学内容结构与体系，并力求体现"基础实、能力强、思维活"的特色。

教材以教室里的测量作为主题，让学生通过各种不同的工具测量黑板的长、教室门的高、桌面的长与窗户的宽等，在具体的测量活动中积累经验。长度测量的教学，从用不同的工具测量桌面的长开始，让学生亲历测量与交流活动，体会统一度量单位的重要性，在此基础上认识尺子上的 1 厘米，并根据图示读出物体的长度。在练习中仍然借用回形针作为临时度量单位，并学习灵活运用尺子度量物体的长度。教材专门安排了量长度的课，这节课的设计是先介绍线段，再根据图示读出线段的长度，测量身体上有关部位的长度，并用鞋子等熟悉的物品通过实测与计算相结合的方法测量两点之间距离。在认识米的学习中，先建立 1 米的表象，再用尺子进行实际测量，通过观察尺子学习米与厘米两个单位之间的关系。

在正式学习长度单位之前，让学生用不同的临时单位度量教室中物品的长度，并在测量长度与米的认识之间安排量长度的学习内容，这些与众不同的编排体现了一个重要的特点，就是突出度量的操作技能的学习。特别是在学习了厘米之后，安排了大量的实际测量活动，让学生运用多种方法测量物体的长度，包括用临时单位，培养学生解决实际问题的能力。正是因为学生有了丰富的测量经验，在米的认识中就可以把测量活动设计得更富挑战性，如：走 20 步，量一量有多少米；量出 20 米，走一走有几步。

> **思 考**
>
> 学习了标准单位之后，是否还需要用临时单位来测量？说说你对这个问题的理解。

教材在三年级上册安排了认识毫米与分米、认识千米的学习内容。在认识毫米的教学中，以 5 毫米这个学生更容易感知的长度作为问题情境，引导学生回到尺子中找到 5 个小格，再数一数 1 厘米等于多少毫米。教材以尺子的直观引导学生理解单位之间的关系，如图 3 - 24。

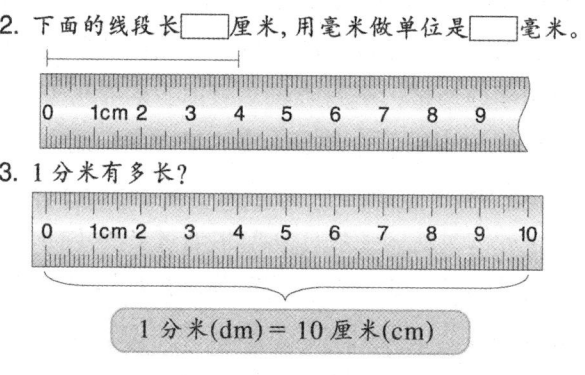

图 3 - 24

千米是学生在小学数学中学习的最后一个长度单位，教材对长度单位之间的关系进行了整理，帮助学生形成了完善的知识体系，如图 3 - 25。

3. 整理所学长度的进率

长度单位进率

1千米=1000米

1米=10分米=100厘米

1分米=10厘米

1厘米=10毫米

图 3 – 25

> **思 考**
>
> 知识学习有一个重要的环节就是系统化，上面的整理就是系统化的一个步骤。你能为这些单位之间的联系设计一种几何模型吗？比如一个小立方体表示 1 米，那么 1000 米与 1 分米分别怎样表示呢？

西师版教材的编写情况

西师版的教材突破单一的、理论化体系的数学结构，从学生的现实生活中选取直接相关的事实，沿着数学发现过程中人类活动的轨迹，让学生在解决实际问题的过程中学习数学、理解数学、应用数学、发展数学。教材倡导"情景塑造—提出问题—师生交流探讨—解决问题—运用知识"的教学过程。

这套教材把长度测量作为一个独立的学习单元，以"用厘米作单位量长度"作为课题，先交代测量物体的长度可以用直尺，有时可以用厘米作单位，有时可以用米作单位，然后介绍米尺，测量长度，通过测量、比画等具体的操作活动帮助学生建立 1 厘米的长度观念。教材比较重视测量操作技能的训练，并通过比一比、量一量的具体活动加以落实。在认识了厘米之后，直接呈现分米，并通过观察学习分米与厘米之间的关系，像这样把分米与厘米放在一起学习是一种与众不同的处理方式。

> **思考**
>
> 如果先学习了厘米，紧接着学习米还是学习分米比较好？你是怎么思考的？如果先学习分米，学生对单位之间十进关系的理解是否会更好一些？对这样的问题，我们可以做一些调查研究。

教材在二年级下册安排了长度测量的学习单元，主要学习千米与毫米。教材列举了 8 个人手拉手站在一排大约有 10 米，80 个人手拉手站成一排大约有 100 米，800 个人手拉手站成一排大约有 1000 米，让学生以一种十分具体的方式理解 1 千米的长度。对 1 千米的长度有了感性的认识之后，再让学生到操场上走一走，通过实际的体验进一步感知 1 千米长。教材在情境设计与材料选择上，体现了地方特色，如指出重庆到成都 340 千米、三峡大坝长约 2300 米等。对长度单位的计算，教材设计了计算重叠问题的思考题，如图 3-26。

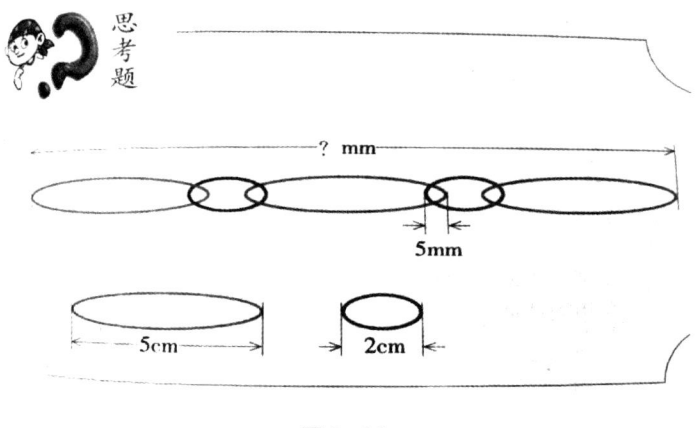

图 3-26

青岛版教材的编写情况

青岛版教材注重情境串的设计，通过提出一系列问题构成问题串，把一个单元的知识串联起来，构建开放的、具有一定思维跨度的板块式编排方式，为教与学留尽可能大的思维空间。

这套教材以阿福做上衣为主题，以富有童趣的连环画的形式，讲述了阿福做上衣的故事。故事的大意是：师傅用手测量阿福的身长，结果是

3（ ），徒弟记录；徒弟用自己的手测量出 3（ ），试做新衣；阿福试新衣时，衣服又瘦又小，师傅量了一下身长只有 2（ ）。这一情境以故事引起学生的认知冲突，使学生体会到统一长度单位的必要性，如图 3-27。

图 3-27

思 考

这是一个生动有趣的数学故事。想一想，一个好的数学故事应当有什么特点？在你的思考中是否有数学味、思考性的考量呢？

3.3 台湾地区教材中长度测量编写情况

　　台湾翰林出版社出版的教材，是以公分作为单位名称的。教材先对尺子作具体的介绍，包括 0 刻度、1 厘米的长度，再学习用公分测量，并讨论 3 个、6 个 1 公分的长度接起来有多长。在此基础上，安排用尺进行实测活动，既学习一般的测量方法，又学习灵活的测量方法，如讨论怎样使用断尺等问题。教材通过让学生测量非整公分的物体的长度，学习多样化的表述方法，如比 8 公分长比 9 公分短、大约 8 公分、比 8 公分长一点等。之后再学习做出指定的长度，以及测量图片上两点之间的距离，画出指定线段的长度等。由此可以看出，与内地的教材相比较，台湾的教材更加注重测量操作的具体指导与多样化表达。不仅如此，该教材还把长度的可加性作为教学的重要内容，专门安排了长度的加与减这样的学习内容，在一般加减法的基础上带上单位名称进行计算，并学习相应的简单应用问题。进一步，把用直尺量作为一个实践活动，学习灵活的测量与计算的方法，并通过先猜想再测量的活动，培养学生的空间观念。

> **思考**
>
> 先估计再测量有什么好处？从培养学生空间观念、对测量结果可靠性分析等角度说说你的想法。

1978年8月初版的国民小学《数学》（"国立"编译馆主编）的教材，以"量长度"作为单元的标题。先学习用卡片、回形针、小方块等多样化的工具度量一支铅笔的长度，形成不同的表达，然后呈现多种不同的度量单位，并且突出从生活中的尺子（图形卡片）到形式化的尺子（小方格）的过渡，为进一步抽象出1公分的单位长度提供了经验，如图3-28。

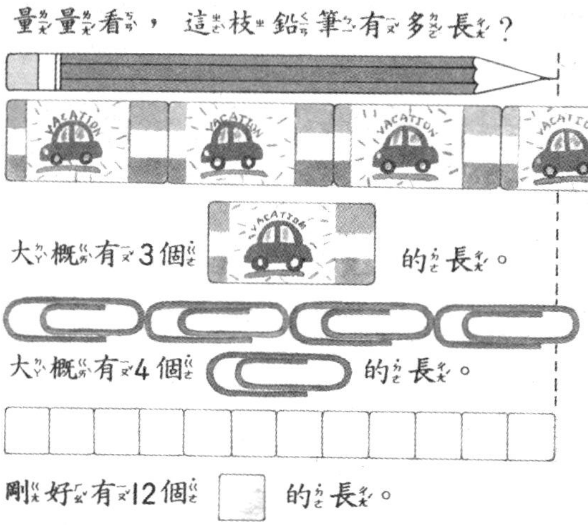

图3-28

与其他教材有所不同的是，第一次呈现的尺子不是真实的尺子，而是由边长1公分的小正方形连成的尺子。可能的意图是突出对关键信息的理解（如图3-29）即引导学生把注意力集中于观察1公分有多长，而不是尺子上有哪些刻度等其他信息上。与标准的尺子相比较，这个非标准的尺子单位长度更加清晰，单位长度累加得出物体长度的过程也可更加简明。直到学生能用这样的尺子度量物体的长度之后，再出现有刻度的尺子，直接读出物体的长度，如图3-30。

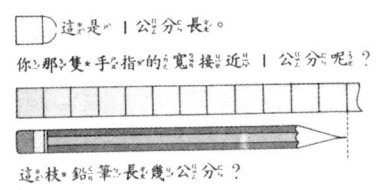

图 3-29

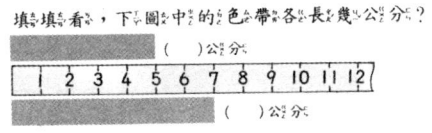

图 3-30

> **思 考**
>
> 在学生初次认识长度单位时,上面图片中简化的尺子与标准的尺子相比较,有什么好处?你觉得学生在接触标准的尺子之前,需要先用这些简化的尺子进行测量吗?为什么?

此外,教材对如何运用尺子进行正确的测量操作,也有较多的指导,以图片的形式呈现各种正确与错误的例子,如 0 刻度与测量实物不对齐的、尺子与测量线段不平行的等。这些错例也是学生掌握正确度量方法的重要学习资源。

3.4 教材比较研究的结论及启示

1979—2000 年教材比较研究的结论及启示

1979 年之后的教材与之前的教材相比,在编写长度测量这部分内容方面已经有了比较明显的区分。相比较而言,1979 年之后的教材内容更加集中,特别是把单位的换算排除在长度测量的新课教学之外,这就使得这一时期教学目标更加专注于单位长度的认识与测量工具的使用。

这个时期的教材对这部分内容设计的差异,主要体现在单位换算、单位长度的空间观念、工具的使用三个维度上:有的比较侧重于单位的换算,如在一节新课教学中,同时安排三个长度单位,并揭示单位之间的进率;有的侧重于对具体测量方法的指导,详细地描述如何从尺子上读出 1 厘米,给出比较规范的测量物体长度的图示；也有的比较关注建立单位长度的空间观念，比如认识了 1 厘米之后，再到生活中找 1 厘米长的例子，或者画出 1 厘米长的线段，告诉学生这就是 1 厘米。

综合来看，1979—2000 年这 20 年的跨度中，在这三个目标上，体现了向建立单位长度的空间观念这个目标转移或者集中的趋势，进一步说，出版时间越晚的教材，在这个教学目标上越是倾注了更多的力量。

> **思 考**
>
> 为什么越来越重视空间观念？建立单位长度的空间观念，对测量的操作活动有什么支持作用？

把这种变化的趋势与 2001 年之后出版的教材联系起来，就可以发现，现行的教材注重建立单位长度的空间观念是一种历史的必然，或者说，现行的教材所体现出的重视空间观念培养的重要特点，是有历史积淀作为基础的。即使是不长的 20 年历史，我们仍然可以感受到教学发展的巨大变化。这种变化，只有对历史进行了梳理，并通过这样的比较才能得出。这可能也是教材比较之外获得的一个重要认识。

2001—2011 年教材比较研究的结论及启示

这一时期的教材具有许多共性，编写的主要框架都是一致的。绝大多数教材都把测量长度作为学习长度单位的起始，第一课时主要是让学生经历用非标准单位测量同一物体，积累测量操作的活动经验，同时在测量与交流的过程中体会到统一度量单位的重要性，在此基础上认识尺子，学习长度单位厘米。第二课时是认识长度单位米，介绍米以及厘米与米之间的换算关系，并学习用尺子测量物体的长度。第三课时主要学习多样化的测量方法，包括估计物体的长度、认识身上的尺子、学习测量的策略等。

尽管编写的基本框架相同，但在具体的内容安排上，不同的教材编排差异还是比较大的，不仅体现在学习的顺序上，还体现在内容的侧重上。具体地说，这些差异主要体现在教学内容的组织与安排、核心概念的呈现与设计、测量物体的具象与抽象、测量技能的目标与要求等几个方面。

（1）教学内容的组织与安排有什么不同？

长度测量的教学内容，大致可以分为三个部分：一是体会建立统一度量单位的必要性，二是认识度量单位厘米和米，三是学习用尺子测量物体的方法。把这些教学内容进一步细分，可以描述为以下9个方面：

①用不同的长度单位度量同一物体的长度，得到不同的结果；

②讨论统一长度单位的重要性；

③认识直尺上从0到1的刻度间的长度是1厘米；

④寻找身边1厘米长的物体；

⑤读出指定物体的长度；

⑥用长度单位厘米测量物体的方法；

⑦长度单位的计算；

⑧物体长度的估计；

⑨画指定长度的线段。

长度测量这一教学内容看似比较单一，细分之后就会发现，联系的知识其实还是十分广泛的。在这些林林总总的教学内容当中，如何选择重要的知识点并形成教学的整体，不仅教材编写要考虑，教学设计也需要考虑。

不同教材的内容安排如下表所示。

	①	②	③	④	⑤	⑥	⑦	⑧	⑨
浙教版	√	√	√		√		√		
人教版	√	√	√		√			√	
北师版	√	√	√		√	√	√		
苏教版	√	√	√	√	√	√			√
西师版	√	√	√	√	√	√	√		

（注：打√表示该版本教材安排了这项内容）

不同的教材以上9个方面的内容组织是有差异的，比较这些差异，可以看出不同教材的目标定位与侧重。没有一套教材安排了全部9个方面的内容，也没有任何两套教材内容的选择与安排是完全一致的。这表明，深入地分析教材，可以发现对同样的教学内容，不同教材编排的差异还是比较大的，这给教师的教学选择与决策提供了空间，当然，在一定意义上也增加了教学的难度。

进一步比较可知，虽然不同版本的教材差异比较大，但都不约而同地把经历用不同的长度单位测量同一物体的长度，讨论建立统一长度单位的意义以及认识长度单位厘米作为核心的教学内容。可以这样理解，不同教材都安排的教学内容，应当是本课教学的核心内容，如同一棵树一样，这些内容是主干部分，而其他的只是枝节。

除此之外，多数教材都把读指定物体的长度作为重要的教学内容，并以此作为学习测量物体长度的基础。这应当说是传统的重要知识技能。不同版本的教材在其他教学内容方面有不同的选择与侧重，如北师版、苏教版、西师版都把测量物体长度作为本课教学的内容，北师版和人教版还把估计物体的长度作为本课学习的内容。

以上差异提示了本课教学的核心目标与弹性目标。其中，核心的知识技能目标是认识1厘米的长度单位并建立1厘米长度的空间观念，核心的过程性目标是让学生经历用不同的单位测量同一物体长度的过程，并讨论建立统一长度单位的必要性。至于估计和测量物体的长度等则是弹性的教学目标，可以在后续的教学中完成。

从本质上说，教学设计的过程就是一个选择的过程，其中包括对教学内容的选择与取舍。通过对不同版本教材对教学内容的组织与安排进行比较与分析，可为组织与选择教学内容提供重要依据，有利于在教学中突出重点，并提示教师系统地设计教学的过程。

（2）核心概念的呈现与设计有什么不同？

本课教学的核心概念是什么？这似乎不是一个问题，因为它的答案似乎很显然，就是厘米。但通过对教材的深入比较，却可以发现不同教材对核心概念的呈现与设计也是有差异的，其中一个显性的标志就是各种版本的教材课题不尽相同。北师版的题目是"桌子有多长"，是以问题情境引入的，没有在课题中直接呈现教学的核心内容，这可能与教材编排的体例有关。人教版的题目是"长度单位"，而浙教版的题目是"测量长度"。这两个题目有泛指与特指的区别。表面看，人教版标题涵盖了单元的学习内容，并非特指本课的教学内容，但事实上，这个题目也隐含了一个问题，即本课的教学到底是认识单位长度还是测量长度？追问这个问题并非没有价值，进一步说，教学中到底如何处理统一的长度单位与厘米这两个概念之间的关系,是一个重要问题。从概念的逻辑属性上看,厘米是一个长度单位,或者说,厘米是长度单位的代表,两者并无矛盾,但不能等同。只有对这两个问题有清晰的定位,才能突出教学的重点。

如果把长度单位与厘米这两个核心概念置于线段的左右两端,则不同版本教材对核心概念呈现的差异主要体现在偏向左或偏向右。北师版、苏教版的教材,把厘米的概念作为教学的核心,前面体会统一度量单位必要性的测量操作活动,只是作为一个引子或铺垫,学习了厘米之后,就把厘米作为统一的长度单位。相比较而言,人教版教材安排实际测量与体验的活动要丰富一些,呈现了以硬币、回形针、三角形、立方体等为单位测量课本的长度,不仅度量的单位丰富多元,而且体会统一度量单位重要性的活动过程也比较充分,让学生从正反两个方面展开讨论,思考为什么得到的测量结果不一样,它们的长度是否一样等问题。教材还设计了用同一个度量单位如正方形或立方体去估计不同物体的长度,把单位长度的学习作为测量长度的前导,也就是说,先帮助学生建立上位的单位长度的观念,再学习长度单位中的一个例子——厘米,如图 3-31。

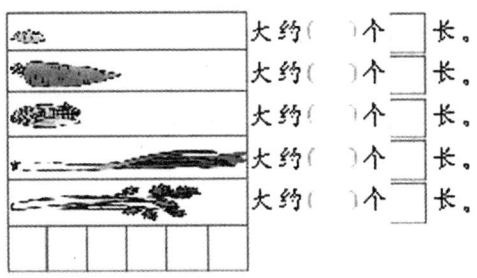

图 3-31

显然,正方形是单位长度的代表,建立了正方形的单位长度,各种蔬菜的长度都可以刻画出来。类似的,还有把立方体作为单位长度的代表。这样处理,学生认识的单位长度将更加全面与丰富,而不只是局限于厘米。换句话说,在人教版教材中,厘米是单位长度的一个代表,而不是本课教学的全部。从这样的角度分析,人教版教材把本课的课题定为"长度单位"似乎更为合理。

浙教版教材,虽然课题是"测量长度",是特指,但对两个核心概念的选择，仍然可以理解为是偏向长度单位的，只是处理的方式与人教版教材有很大差异，主要体现在提前渗透与适当回应两个方面。这里所说的提前渗透，就是在一年级上册，就安排了比较长短的练习，如图 3-32。

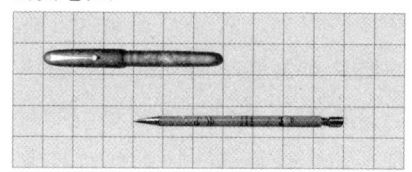

图 3-32

按照这样的教材设计，学生在学习物体的长短比较时，就初步建立了物体的长度可以用数和量（即方格）来刻画的观念，为本课学习长度单位和体会建立单位长度的重要性打下了基础。

所谓适当回应，主要体现在练习的设计中，在巩固测量长度的基础上，继续运用非标准的长度单位进行测量或计算，如图 3-33。

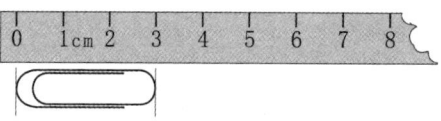

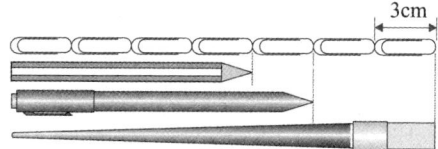

图 3-33

可以看出，以上两题是一个题组。前面一题是读出回形针的长度，后面一题又用回形针标示其他物品的长度。这里回形针就是一个长度单位。因为这个长度单位是3厘米而不是1厘米，因此物品的长度需要用长度单位乘个数而得到。这种对长度单位的处理，使得学生的学习建立在更高的观念起点之上，不仅巩固了已学过的3的乘法口诀，而且渗透了灵活选用度量工具进行测量的思想方法。

人教版与浙教版采用了相同但也有区别的处理方式。相同点是都把单位长度作为教学的核心，不同点在于，浙教版在教学本课之前就安排了铺垫性训练。前者的设计是学习经验的远迁移，后者则是近迁移。如果认可数学学习的过程就是经验唤醒的过程，那么前期渗透更有利于学生获得真实的理解，更有利于自主学习能力的培养。

（3）测量物体的选择有什么相同或不同？

从本质上说，对物体长度的测量首先是把物体的长度抽象成线段的长度，然后对抽象后的那条线段的长度进行测量，也就是说，测量物体长度的本质是测量线段的长度。这就涉及几个相关的问题：教学是否需要引导学生从测量物体过渡到测量线段？如果要学习线段的测量，那么如何处理线段这一概念未学先用的问题？不同的教材采用了不同的处理方法，体现了编者解决问题的不同思路与策略。

北师版教材，通过一个蚂蚁搬豆的问题情境，把蚂蚁搬豆的行进路线用线段画出来，让学生分别度量已经爬行的路程和还要爬行的路程，对线段度量的问题作了模糊处理。这种处理方式，把一个度量路程的问题直接用线段加以表征，对把物体抽象成线段的过程没有交代。

苏教版教材则是作了折中处理，把物体和线段放在一起度量长度，让学生在比较的情境中，自己去体会度量物体长度的本质就是度量线段的长度，如图3-34。

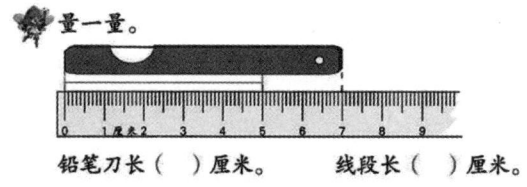

图3-34

人教版教材把度量物体的长度与度量线段的长度作为两个不同的层次，先度量纸条或绳子等物体的长度，然后给出几条线段，并交代线段是可以量出长度的，再让学生量出指定线段的长度，如图3-35。

下面这些都是线段。

线段是可以量出长度的。量一量上面的线段长几厘米。

图 3-35

浙教版教材把度量线段单独设计成一节课。苏教版教材不仅要求画出指定长度的线段，而且要求比较两条线段的长短，度量差值并对线段的长度进行运算，除此之外，还要以尺子为参照，估计线段的长度。

由此可见，对长度的测量是否需要抽象为线段的测量，是一个值得讨论的问题。从测量长度的本质看，似乎应当抽象到线段的层次。但线段的概念并没有正式学习，如果不作交代而直接出示，会显得突兀；如果交代了，像人教版教材那样，也只能是简单地告诉，而且如果没有相似概念如直线、射线作比较，学生对线段为什么能度量出长度、线段的意义是什么等问题，理解一定是不到位的。

由此看来，数学概念的逻辑体系与教材设计的学习进程可能出现矛盾，对这种矛盾的处理，并没有统一的方法，关键在于执教者应当有自己的教学观念，并且认识到教学中有许多问题没有办法解释或解决。特别是对这个问题的讨论，涉及教师的教学观念，具体来说，即是否宽容学生在对一个数学概念没有理解的情况下先使用起来，或者是否允许学生在不同的学习阶段构建起对数学概念的不同理解。

（4）测量技能的目标与要求有什么不同？

尽管度量的工具可以是多样化的，但用尺子测量物体的长度仍然是重要的操作技能。如前所述，有的教材把尺子测量的操作作为长度测量的教学内容之一，有的则在后续的学习中强化这一技能的训练，但不同的教材对测量的操作活动设计的差异，不只是体现在是否结合测量长度实施教学，更为重要的是体现在对学生已有的测量经验的不同假设上。有的教材对测量活动的指导比较具体，如西师版教材不仅给出了测量的图示，而且交代了具体的操作过程，如先把一端对准 0 刻度，另一端所对的刻度是 10，则铅笔长 10 厘米，基于这项具体的操作，进一步讨论如何用尺子量物体的长度，概括操作的具体步骤和程序。人教版教材对测量的操作也作了比较具体的交代。

　　有的教材对操作程序的指导则比较简单，甚至没有在教材的正文中交代，而是直接在练习中以观察判断的形式呈现。如北师版教材在练习中设计了小熊量木板的问题情境，让学生通过观察、讨论操作的正例与反例，习得测量的操作方法。苏教版教材也采用了这样的处理方法，有所不同的是，它将教学的重心放在了画指定线段的长度上，如要求学生画长度为4厘米的线段，并且指出，从尺子上的"0"刻度开始画，画到"4"的地方，把画线段作为量线段的支持和补充。事实上，画线段与量线段有着共同的本质，其操作的关键步骤是完全一样的，从这样的角度看，这不失为一种有创意的设计。

　　可以肯定，不同版本的教材对测量长度技能教学的终极目标是一致的，都是要求学生掌握正确的度量方法，即0刻度对齐，尺子与被度量的物体平行，另一端所对的刻度就是物体的长度。这些是测量活动的基本方法要领。有的教材可能默认学生已经有了比较丰富的测量活动的经验，只要稍加指导即可；有的教材却把学生用尺子测量物体长度的经验假设成空白，不仅对操作的过程进行了指导，而且交代了尺是量长度的工具这样的常识。教师在教学时，不能简单地采信哪一种假设，最为重要的是了解自己的教学对象，最好在课前做一个前测，了解学生真实的水平和基础，并以此为起点选择对测量操作活动的指导方法。

　　另外，对于估计长度，不同的教材也采用了近乎相同的处理方式，即让学生先估计熟悉物体的长度，再通过实际的测量加以验证。应当注意的是，估测也是一种测量的方法，从某种意义上说，它在现实生活中有着更为广泛的应用，也是学生需要掌握的重要技能。估测应当是一种独立的测量方式，并不是作为实际测量的先导或补充，也就是说，估测与实际测量是同等重要的。不同的学生估测的方法有所不同，这与学生已有的经验有关。估测时一个重要的策略就是选择一个已知长度作为参照，参照物的选择直接决定了估测的准确度。选择的参照物可以是单位长度的空间表象，也可以是学生自己熟悉的某物品的长度。对于估测来说，不能把是否接近于准确值作为唯一的评价标准，更为重要的是引导学生掌握灵活的估测方法。

　　关于度量单位的教学，还有这样几点需要明确：

①度量单位可以是任意的，单位的统一是为了便于人们之间的交流；

②度量同一物体时，用大单位度量得到的结果较小，用小单位度量得到结果较大；

③在度量中，工具有着十分重要的作用；

④度量总是有误差的；

⑤明确各种度量单位的实际大小。

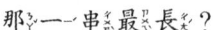 **台湾地区和日本的教材给我们的启示**

台湾版的教材就这个教学内容来说，注重活动经验的积累是一个十分重要的特色。具体地说，在学习长度单位及其测量之前，安排了比较丰富的活动，让学生建立长短的观念，而重视这种观念，在我们的教材中是新课程改革以后的事情。举例说，在二年级上册认识长度单位厘米，在一年级下册就安排了比长短的活动，而且内容比较丰富，像数串珠等，如图3-36。

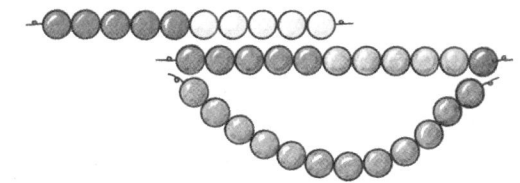

图 3-36

> **思考**
>
> 这些紧密排列的珠子是不是也可以看作单位长度呢？数数是长度测量最为基础的数学活动原型。

在此基础上，让学生经历用不同的单位长度度量同一物体的过程，即先用铅笔和手指测量课桌面的长度，之后过渡到用单位长度来度量，如图3-37。

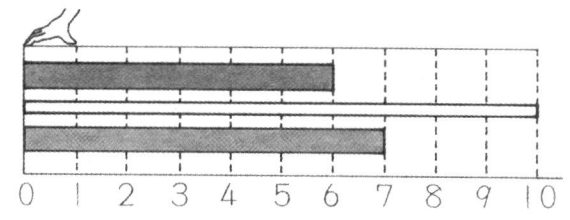

图 3-37

无论是知识，还是技能，从初学到熟练，都需要经历一段时间，也就是说，有个等待的过程。一种知识只有熟练掌握了之后，才构成学习其他知识的基础。类似的，活动经验的积累也是这样，也需要一段时间的消化与理解，不能假设学生经历过了，这种经验就自动积累起来了。

另外，大陆不同时期的所有教材，几乎都把测量长度这一学习内容安排在一年级下册，只有台湾的教材是安排是二年级上册的。可能没有相关的心理学研究成果说明这个教学内容安排在哪个年级更合适，但这种区分给我们的启示是，相比较而言，大陆学生学习的数学知识是"超前的"。这样的超前到底是好还是不好，可能需要进一步研究。

以上两个问题，归根结底，在于两地学生学习同一内容所具备的知识基础与心理年龄是不一样的。对这个问题的讨论，事实上就是台湾地区教材的编写对我们的重要启示，即不能把相关的学习内容安排得过于集中。事实上，大陆的教材无一例外地把体会建立统一长度单位的重要性与学习测量安排在同一课时，或是前后两课时。教师常常假设学生学习了长度测量之后，就能熟练地运用尺子测量物体的长度，甚至是运用已有的经验解决一些灵活的问题，如用一根绳子和一根直尺测量树干一周的长度。这样的教学是危险的，因为学生测量的活动经验可能没有真正积累起来。这或许也是大陆学生感觉数学难学的一个原因。

曹培英老师在《小学数学教学改革探析——在规矩方圆中求索》一书中，有专门的章节论述中日小学数学教材的比较，他选取了日本教育出版有限公司1995年出版的算术课本（日本国立教育研究所科学教育研究部主任泽田利夫主编），和上海市义务教育小学数学课本，对两套教材中"量与计量"的编排进行了比较。曹老师指出,就量与计量单位的认识而言,两套教材的内容大体相同,编排体系十分相似,而且都比较重视常用计量单位实际大小观念的形成,差异主要是由不同历史背景造成的,日本的教材没有分米这个单位。

从量的测量来看,日本的教材内容要更充实一些,主要体现在两个方面。一是丰富测量体验,了解引进计量单位的必要性。比如一年级课本中创设多种问题情境,让学生比较物体的长短,然后引导学生自己选定一个物体作为中介,由两个物体的直接比较过渡到以某一标准物为中介的间接比较,为学习计量单位提供足够的感性认识基础和必要的上位认识。二是形成测量技能,认识测量器具、方式的多样性。(曹培英,2004)[23-26]这在中国的教材中是比较欠缺的。

从广义上讲,教材既包括形形色色的图书教材、视听教材、电子教材等有形读物,也包括师生的经验。教科书是具有代表性的核心教材,是绝大多数学生知识的重要来源。分析教材特点,对教材进行比较研究,目的是优化组合教材内容,创造优质高效的教学方法,更加有效地发挥教材的作用。创造性地活用教材至少包含了这样的含义:不拘泥于教材的体系和结构,不拘泥于教材的课时安排,不拘泥于教材习题的配备等。

4

教学设计研究

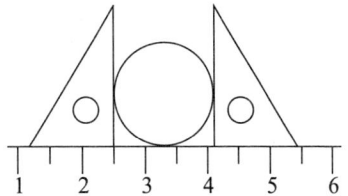

阅读这一章，你可以了解到长度测量教学在不同时期关注与研究的焦点问题，你还可以体会到一些重要的教学理论支持了长度测量教学的创新设计。此外，从不同的教学设计以及背景的介绍中，你还可以了解长度测量多元的教学目标，以及以这些目标为导引的生动的教学实践。总之，这一章就像一束白光透过了棱境，展示了长度测量丰富的思考与多姿多彩的教学。

4.1 长度测量教学设计的文献研究

把文献研究作为长度测量教学研究的一部分,是明智之举。这是一项可以按部就班进行的工作,并且收获会很丰富。但是,在检索文献的过程中,会遇到两个看似矛盾的问题:一是相关的信息太多,二是有用的东西太少。在大海如何捞针?这就需要有重点地进行文献检索。

> **思考**
>
> 你能为长度测量教学设计几个可供检索的问题吗?这些问题的关键词是什么?可以到"百度"试一试,看按你自己设计的问题,是不是能找到有价值的资料。

你可以设计的问题如:长度测量的教学目标如何设计?怎样让学生体会统一度量单位的必要性?如何帮助学生建立1厘米长的空间观念?设计明确的问题能够使文献检索有的放矢。这些问题成为检索的中心,有了中心才可能在合理的时间范围内获得问题的满意答案,而且这些问题也为文献检索的后续步骤如综述提供了思路与框架。

> **小贴士**
>
> 事实上,问题只是一个思路与框架,有时也会有框架之外的意外收获,不要让思路限制你的视野,也不要让框架束缚你的手脚。

专业杂志及专著的相关文献介绍

对长度测量教学的文献检索,主要集中在国内几本重要的小学数学专业刊物以及不同时期的几本教案集上。这些仅仅是众多出版物中极小的一部分,肯定是不全面的,但对一个具体的研究来说,掌握所有的资料既不可能,也没有必要。重要的是如何对已经占有的这些文献进行分析与研究。

(1)《小学数学教师》的相关文章

《小学数学教师》由上海教育出版社主办,是国内很有影响的小学数学专业杂志。查阅1982—2013年40年间的杂志,有6篇与长度测量教学相关的文章。

刘仙灵老师发表在《小学数学教师》1999年第7—8期的文章《浅谈量长度一课》，对"量长度"一课的教材进行了分析，指出教材中测量活动的设计体现了三个特点：一是密切数学与生活的联系，二是突出了学生的主体地位，三是加强了估算意识的培养。对于测量技能的学习，刘老师认为不能单纯地依赖教师的讲解示范，更多的要由学生的实践活动来获得，渗透了实践出真知的思想。对于建立1厘米实际长度的表象，刘老师认为应当抓住认识尺子的活动，充分让学生去发现，给学生提供活动的空间，体现以学生活动为中心的探索性学习方式。

> **思考**
>
> 测量的教学如何体现"实践出真知"？

孟兆山老师发表在《小学数学教师》2006年第9期的文章《独立思考是动态生成的根：〈厘米的认识〉教学片断与反思》，从长度测量一课的实践中概括了一个教学观点，即独立思考是动态生成的根。文章介绍了在本课开始的时候，先让学生观察断尺上从刻度2到刻度5的长度是几厘米，学生自己观察并独立思考之后，涌现了精彩的个性展示：如从刻度2到刻度5的长度是3厘米，因为从刻度2到刻度3是1厘米，从刻度3到刻度4是1厘米，从刻度4到刻度5是1厘米，合起来就是3厘米；把刻度2看作0，往后数出3厘米，就是刻度5，因此从刻度2到刻度5的长度是3厘米；用5厘米减去2厘米得3厘米，所以从刻度2到刻度5是3厘米；从刻度0到刻度3有0，1，2，3四个数，是3厘米，从刻度2到刻度5有2，3，4，5四个数，也是3厘米。

> **思考**
>
> 对这个简单的问题，你之前估计学生会怎样回答？以上的几种思路，是不是出乎你的意料呢？

陈幸老师发表于《小学数学教师》2002年第1-2期的文章《"2千米为什么等于2000米"引发的思考》，在标题中提出问题"2千米为什么等于2000米"，引发了对如何使用教材的思考。该文核心的观点是教师应当创造性地使用教材。教师给出的问题是 2 千米 =（　　）米，学生回答这个问题并无困难；可是当教师追问"为什么 2 千米等于 2000 米"时，一个学生指出，因为 1 千米等于 1000 米，所以 2 千米等于 2000 米。教师未置可否，继续追问："究竟为什么呢？谁能说得更正确？"教室一片安静，教师手足无措。终于有学生回答："1 千米 = 1000 米，2 千米是 2 个 1000 米，就是 2000 米。"教师松了一口气，并对学生大加赞赏："你真棒，跟书上讲的完全一样。"然后教师让学生口述这种方法。

> **思考**
>
> 跟书上完全一样的方法就是最好的方法吗？两位学生的回答差异在哪里？教师所追求的正确或严谨是学生所能理解的吗？

陶世高老师发表在《小学数学教师》1997 年第 3 期的文章《到操场上教"千米的认识"》，介绍了到操场上教"千米的认识"的思考与过程。千米是小学阶段学习的最大的长度单位，建立 1 千米的表象比较困难。绝大多数教学都强调使学生对"1 千米"的空间距离有一个大致接近的观念，并且和过去学过的长度单位联系起来，掌握它们之间的进率。

> **思考**
>
> 一个长度单位包括单位本身的长度和单位之间的进率，这两个方面相辅相成。学生建立 1 千米长度的空间观念比较困难，是否可以侧重于单位之间的进率呢？

陶老师的教学过程如下：一是认识 100 米。让学生在操场上先跑 100 米，观察 100 米的长度，再估计从校门口到什么地方是 100 米远，然后要求学生用平常的速度走 100 米，看要走多少步，要多少时间。二是认识 1000 米。计量比较近的距离，可以用米做单位计算，如果计量较远的路程，就要用千米，1 千米是 100 米的 10 倍。根据走 100 米的步数与时间，算一算 1 千米要走多少步，要用多长时间，再估计从家到学校是否有 1 千米。这个教学设计的核心在于在体验活动，借助步数与时间支持学生建立 1 千米的长度观念。

无独有偶，李继锋老师发表在《小学数学教师》2010 年第 10 期的文章

《丰富的体验促进学生主动建构:"千米的认识"教学重构与思考》,以"千米的认识"教学重构与思考为例,提出了以丰富的体验促进学生主动建构的教学观点。文章以学生能否清晰地指认1千米的长度为研究的起点,通过调查发现,不仅仅是学生,即使是成人对1千米的指认也有很大误差。

> **思考**
> 你觉得你能正确地指认1千米的长度吗?在指认的过程中,你是否依赖于步数、时间或者其他的参照呢?

教学中,李老师做了三项准备工作:一是驾车测量1千米的实际距离,二是让学生步行100米并记录步数和时间,三是让学生试跑1千米。教学的主要环节有两个:一是理解1千米=1000米,二是体验1千米的长度。学生汇报走100米的步数大约是150步,时间大约是1分30秒。

张惠群老师发表在《小学数学教师》1998年第4期的文章《"毫米、分米的认识"教案》,介绍了"毫米、分米的认识"的教学过程。以认识毫米为例,教学开始时,先让学生用直尺量一量橡皮的厚度够不够1厘米,这块橡皮到底厚多少、长多少,从而引出比厘米小的长度单位。然后让学生观察尺子,发现1厘米分成10小格,1个小格就是1毫米。之后,让学生通过测量曲别针长度进一步认识毫米。方法是先找出要测量物体的两个端点,将一端对准尺上标有0的刻度线,然后看另一端点所指的刻度。先看整厘米数,再数小格,整厘米数是2就是2厘米,有9个小格就是9毫米。曲别针的长度是2厘米9毫米,也可以说是29毫米。

(2)《小学教学(数学版)》的相关文章

《小学教学(数学版)》由河南教育出版社主办,是国内很有特色的小学数学教学专业杂志。2005—2013年间该杂志刊载的长度测量教学方面的文章共有8篇,其中3篇以"长度测量"教学设计为题,2篇以"米的认识"教学设计为题,1篇是"桌子有多长"的教学案例与反思,还有2篇是关于"度量单位"的教学设计。

杜海静老师发表于《小学教学(数学版)》2007年第7期的文章《"长度测量"教学实录与反思》,介绍了她执教的"厘米的认识"。杜老师使用的是北师版教材一年级下册"桌子有多长——长度测量",让学生通过不同的测量工具实际测量出桌子的长，在交流测量结果的过程中，体会统一长度单位的必要性。本课教学前的调查表明，80%以上的学生在使用尺子时是把尺子的一端与物体的一端对齐，而不是与0刻度对齐。

> **思考**
>
> 80%这个比例你觉得高了还是低了？是学生没有仔细地观察尺子所致，还是缺乏使用尺子的经验所致？

有的学生虽然能正确测量，但不明白为什么测得的是这个结果。所以作者指出，不需要对学生已有知识基础作过高的假设，有必要拉回到知识的原始起点进行教学。举例说，从0刻度开始，0－10经历了11个数，有的学生就认为是11厘米。这个看似简单的知识，可能成为教学的盲点。

> **思考**
>
> 学生为什么会这样想呢？如果把尺子类比于植树问题，那么长度应该是间隔数的和而不是棵数的和。

这节课突出的特点是让学生经历制作一把尺子的过程，在给尺子标刻度的过程中，让学生对尺子有深刻的认识。教学中，教师借助曲别针作为测量工具，学生先是用一个曲别针一次次地去度量，发现比较麻烦，最后想到把众多的曲别针串联起来。

> **小贴士**
>
> 这个活动的教学价值是什么呢？学生经历这个过程是否是在重复人类发明尺子的关键思考呢？

这是一个解决问题的活动过程，学生在这个活动中经历单位的累加构成物体实际长度的思考，这实际上就是用单位表示长度的基本思想。而且由于教师为不同组别的学生提供的曲别针长短不同，测量同种物体得到的结果也不同，在这个过程中学生能体会统一度量单位的必要性。进一步，教师引导学生在15厘米长的纸条上，用1厘米长的小棒做成尺子，让学生在讨论与交流的过程中认识标有刻度的好处，体会做尺子是一项精细的工作。

王亚平老师发表在《小学青年教师》(《小学教学》的曾用名)2003年第8期的文章《"长度测量"教学设计》介绍了关于厘米认识的教学设计,据此进行的教学获2000年全国启发式教学研讨会示范观摩课一等奖。这个教学以《科利亚的木匣》这个故事引入,讨论怎样测量木匣距离的问题。故事的大意是科利亚小时候在门前5步的地下埋藏了一个宝藏,长大后再从门前走5步,却怎么也找不到原来的宝藏了。对于一年级的孩子来说,这是一个引人入胜的故事。

> **思考**
>
> 这个故事的数学味体现在哪里?如果就这个故事提出一个与本课教学有关的问题,这个问题可以怎样提呢?

课上,教师引导学生观察不同的尺子,讨论为什么这些长短不同的尺子能准确量出物体的长度,请学生仔细观察尺子上有哪些神奇的标记。在学生数出10厘米中有10个1厘米之后,还让学生推想100厘米中有多少个1厘米,为教学1米=100厘米做准备。教学用尺子测量物体的长度时,王老师先让学生自由测量圆柱形物体底面的周长,然后围绕三个问题思考:先用哪种尺子最合适?如果只有硬直尺和一条丝带怎样量?只用一根直尺能否量出该物体底面的周长?

> **思考**
>
> 这两个测量的活动对学生有什么挑战?你能设计出三个有层级递进的测量活动吗?提示:较简单的测量方法是用软尺绕圆柱一周直接测量,这是第一层级,测量的挑战在于工具受限的情况下如何巧妙地测量;第二层级是用丝带绕圆柱一周,以丝带替代圆柱的周长进行测量;第三层级就是让圆柱在尺子上滚动一周,这涉及如何准确地标记等问题,因而更具有挑战性,不过学习这种测量方法是有意义的,可以为后续学习圆的周长奠定经验基础。

陈莹老师发表在《小学教学(数学版)》2011年第4期的文章《"桌子有多长"教学实践与思考》,介绍了两个教学片段。一是让学生体会统一度量单位的必要性。初次教学是这样安排的:比较讲台与课桌面的长短,思考能用哪些方法说明桌面有多长,学生汇报结果后讨论"为什么量同样的课桌每人说出的数量不同,怎样才能使量出的结果相同"。实践之后作者发现,根据这样的流程来安排教学,学生在测量的过程中注意力不是集中在思考问题上,而是把五颜六色的学具当作了玩具。再次教学时,教学的基本流程不变,但教师不再为学生提供学具,而是让学生直面问题思考,学生的主要任务是测量,有的用手比画,有的用书本、文具盒这些常见的物品进行测量。作者指出,改进后的教学学生注意力更加集中,教学效果更好。

> **思考**
>
> 你在教学中有过这样的遭遇吗?如果学生拿学具当玩具,你有什么应对的办法?教学组织时应当提出并落实哪些操作规范或要求?

二是探索度量长度的方法。教师提供了一张纸条,让学生尝试用尺子进行测量。教学度量长度的方法之后,学生提出了一个始料不及的问题:"老师,为什么一定要把尺子的 0 刻度与纸条的一端对齐呢?"作者之前并没有很好地思考过这个问题,教学的改进就以这个问题为突破口。再次教学时,教师提供了两张纸条,其中一张直接告知长度是 5 厘米,先让学生比较长度,学习一端对齐的比较方法,然后让学生从尺子上比画 5 厘米、9 厘米、15 厘米各有多长,并提示可以把直尺看作是许多条已知长度的线段。

> **思考**
>
> "把直尺看作许多条已知长度的线段"这句话是什么意思?如果说"直尺是个很神奇的工具,可以量出许多不同物体的长度"是不是更好呢?为什么?

其实,可以让学生尝试着用刻度 1 或其他刻度与物体一端对齐,首先注意用不同的对齐方法时,另一端对的刻度并不相同,然后让学生比较辨析:一个物体怎么会有两个长度呢?物体的实际长度到底是多少?在比较中让学生理解"0 刻度与一端对齐,另一端所对刻度就是物体本身的长度"。

位惠女老师在《小学教学(数学版)》2011 年第 7-8 期发表的《契机并不难找——认识米教学思考》一文中指出,通常我们认为厘米是学生认识的第一个计量单位,学生理解起来会有困难,需要安排大量的测量实践活动,让学生体会统一测量单位的必要性,而对于长度单位米的认识,教学过程可以简单一些。但现实的情况并非如此,学生疑惑的一个问题是:有了厘米这个单位不是就够了吗?为什么还要学习米呢?作者让学生用不同度量单位度量操场的长度,让学生在失败的活动中体验需要一个更大的单位,再给出米这一长度单位就水到渠成了。

> **小贴士**
>
> 实际测量中还需要比厘米更大的单位——米,这不是由老师告诉的,而是学生在测量的过程中体会与感悟的。这就是数学活动经验的积累。下次测量较长的物体时,学生会主动思考:还有没有更大的单位呢?

位老师强调,学生都知道自己的身高是1米多,因此认为学生对1米有比较清晰的认识,但事实上教师让学生画出1米的长度时,许多学生画的是10厘米长,有的是30厘米长,还有的拿出旗杆说是1米。这说明学生的实际经验并不像教师所预设的那样丰富,对1米的表象是比较模糊的。因此,教学中,教师安排了用几个1厘米或10厘米摆出100厘米的活动,让学生深切体会为什么要学习米,并建立1米实际长度的清晰表象,从而得到1米=100厘米。笔者也认为,投入这个时间是值得的,也是让学生体验单位之间进率的有效策略。

> **思考**
>
> 怎样在做中学1米=100厘米?你能设计一个这样的活动吗?

朱乐平老师发表在《小学教学(数学版)》2007年第9期的《"单位"复习课教学设计》一文指出,无论是计量单位还是计数单位,它们都是一种标准量,用这个标准量对物体进行度量,得到物体这方面的特性,并用一个数量来刻画出物体的这种特性。如人们选择"厘米"作为长度单位,1厘米1厘米地去度量一个物体的长度,再用数量来刻画出度量的结果,又如人们选择"十"作为计数单位,十个十个地去度量(计数)一种事物的个数,并用一个数表示出这种度量(计数)的结果,等等。由此可见,计量与计数有着许多共同的特征。

> **思考**
>
> 请你再次仔细阅读上面一段文字，说说计量与计数有哪些共同的特征？

季锦燕老师发表在《小学教学（数学版）》2013年第4期的文章《巧设活动，让估测变简单——从"从认识厘米"两个教学片段说起》一文指出，学生作业中常常出现一棵大树高5厘米、小明身高130米、一根火柴长5米类似的错误，如何设计有效的教学活动来避免学生出现这样的错误呢？下面是教学的一个片段：

两条线段分别长7.8厘米与8.3厘米，把这两条线段左端对齐，在线段的下方摆一把尺子。

师：图中两条线段长度各是几厘米？

生：第一条比7厘米多一些。

师：当我们不需要知道线段的精确长度时，可以用大约表示。这条线段的长度大约是——

生：8厘米。

师：那么第二条呢？

生：也是大约8厘米。

师：这两条线段都是大约8厘米，难道它们是一样长的吗？

生：不是的！它们一个比8厘米短一点，一个比8厘米长一点，都是接近8厘米，所以都大约是8厘米。

生：大约只是说明这两条线段都接近8厘米，并不是它们的准确长度，而是大概的长度。所以，有可能比这个长度长一些，也有可能比这个长度短一些。

师：同学们说得真棒！当不需要知道物体的准确长度时，可以说它大约有多长。下面请你拿出课桌上的黄色小棒，先估一估这根小棒有多长，再用尺子量一量，看看你估的长度和自己量的差别大不大。

季老师指出，用大约来描述物体的长度，对二年级孩子来说是不习惯的，我们可以引导学生将估测运用到自己的生活中去，要引导学生对自己的估计进行反思，结合自己的生活经验进行调整，从而提高学生的估测能力，发展他们的空间观念。

> **思考**
>
> 为什么学生不习惯估测？请你试着分析一下。

要进行估测，学生需要了解对估计结果准确度的要求。与用尺子测量相比，估测长度不仅思维过程更加复杂，而且也不如用尺子测量可靠，这可能是学生不习惯估测的重要原因之一。

（3）其他期刊上的相关文章

俞正强老师在《人民教育》2011年第2期发表的《"种子课"：给知识以生长的力量——从小学数学"计量单位"的教学谈起》一文，提出了这样的问题：每一次教学度量单位，都有必要让学生经历计量单位意义和必要性的理解与认识吗？在这些相似课的教学中，我们的教学在重复什么？是不是每一类计量单位的学习都要设计类似的体验环节？

> **小贴士**
>
> 这是一种"类"的思维方式，也是教学的"长程"设计。

由此，俞老师提出了"种子课"的概念，强调用"生长"代替重复。文章指出，所有计量单位本身都是一种规定，数学规定的教学是不需要启发和研究的。比如，"为什么叫厘米？"、"为什么1厘米是这么长？"这些探讨都没有意义。计量单位的"双基"学习，都以识记（或体验）为主，知识可以迁移，要重视在知识生长中提出问题。

笔者根据俞老师在《人民教育》上发表的文章以及在朱乐平名师培训班上听俞老师讲的课，整理了如下教学片段：

引入：陈尚同比周正南长（　　）。

生1：长一些。

生2：长两些。

生3：长1米。

生4：长1厘米。

师：厘米有没有听说过。

生5：长半个头。

生6：10厘米。

教师分别进行板书。

师：对于上面的答案，你们觉得可以分几类？

生：将厘米、米、毫米分为一类（因为有米字），一些、一点分为一类，半个头作为一类。

生2：分为五类。

师：你认为分为几类比较合适，思考一下，我要采访。

生：三类比较好。

师：(问两个上台的同学）你喜欢哪个答案？

生：半个头。（其他同学也都认为喜欢半个头）

师：刚才我们同学都喜欢"半个头"，而不喜欢"一些"、"一点"，说明"半个头"比较具体。

师：厘米、毫米比"半个头"更具体。

师：我们今天就先选择一个长度单位来学习，既不大，也不小。

展开，长度测量。

师：厘米在哪里可以找到？

生展示，在直尺上找到并指出从0到1就是1厘米。

师：1厘米是谁刻上去的？

生：印上去的。

师：两个人的厘米一样长吗？（两个尺子有长有短）？

生1：不一样长。

生2：一样长。

师：(出示米尺）1厘米一样长的。

大多数学生都认为不一样长，只有3位同学表示一样长。老师让大家验证，用三角尺量。

师：温州的1厘米是多少？用手势表示出来。如果到了北京，1厘米是多少长？

师：变了的有3为位同学。

师总结是一样长的，追问：如果到了美国呢？

生：一样。

师：用手势表示1厘米、2厘米、3厘米……最高是多少？用直尺量一量到底多少厘米，看你估计的怎么样。

请原来的两位同学上台，教师在黑板上比，学生测量，结果为10厘米。

俞老师指出，学生体会到的是两个层面的内容：一是单位是一种规定，不论什么尺子，不论在哪里，同一单位都是一样的，以此感悟"标准"的意义；二是单位与整体的关系和部分与整体的关系不同。在学生的经验中，部分总是随着整体而长大的，如树变大了，树枝也变大了，人变大了，鼻子也变大了。在学生的眼里，一切都是有生命的。可是单位与整体中，单位越多，整体越大，整体再大，单位还是不变的。

(4) 教学专著上的相关文章

由《人民教育》编辑部编著、海南出版社2004年出版的《新课程优秀教学设计与案例（小学数学卷）》中收录了江苏无锡许志君老师《长度测量》的教学设计，这一教学设计使用的是苏教版教材。由于本书编著时正值新课程改革的初期，教学设计融入了新课程改革的一些新理念，具有时代性与典型性。按照作者阐释的教学思路，这个教学设计体现了数学与生活的融合，强调数学活动从生活中来、到生活中去，教学的组织方式重视学生合作探究和发现知识的过程，在教学目标的设计上强调了结合估测活动发展学生的空间观念。下面是教学设计的一部分：

找原因。小猪可能干啦！有一天，它帮妈妈锄地。它干了一整天，饿极了。晚上回家吃了2碗饭。第二天，它又干了一整天的活动，到了晚上，它吃了8碗饭。这可能吗？（碗有大有小）

量课桌。先让学生选择一个课前准备好的铅笔、小纸条、文具盒等物体，和自己的课桌比一比，然后，以各自不同的测量工具为标准汇报每个课桌的长度。（答案不一）

师：大家说得都对，但为什么所说的数不同呢？（因为我们测量课桌所用的东西是不一样的）

师：有什么办法可以使我们量的结果一样呢？（大家都用同样的工具去量）

师：你们的办法真妙！要想取得一致的结果，我们就要有统一的测量工具。有谁知道我们通常用什么来测量物体的长度？（尺子）今天我们就要认识在量比较短的东西时所使用的国际上统一的长度单位——厘米。

在合作探究的环节，安排了三个层次的活动：一是认识直尺，引导学生通过自己的观察认识刻度数、刻度线、刻度"0"等；二是长度测量，安排了多样化有层级的活动，包括在尺子上认识1厘米，用两个手指比画出1厘米，闭上眼睛想1厘米，寻找身边1厘米长的物体；三是认识厘米。

在实践应用的环节，主要安排了用厘米量和画线段两个环节。其中用厘米量分为量整厘米数和非整厘米数，前者侧重于测量操作方法的指导，后者强调测量结果不是整厘米的可以说成约几厘米，并与估计物体长度的活动结合起来。画线段的过程强调画、量、估等活动的结合，把空间观念的培养整合进来，是一个综合性的活动。

概括地说，这个教学设计的特点主要有两个：一是目标恰当全面，既有基础性的认知目标，如认识1厘米，也有空间观念培养的发展性目标；二是活动丰富且有层级推进，不仅有比较单一的测量活动，也有比较综合的画、量、估相结合的综合活动。

该书还选录了"米和厘米认识"的另一个教学设计，是由北京的高秀文老师设计的，使用的教材是北京21世纪教材数学实验本二年级上册。这个设计的特别之处是以游戏为主线，安排了三个活动。一是模仿电视节目《幸运52》的创意，让学生竞猜物体的长度，谁估计的离实际长度最为接近，就奖一颗幸运之星，提供估计的物品有铅笔和粉笔。二是"是真是假"的游戏，让学生判断"高老师的身高是2米多"、"黑板的长边大约是3米"等是真是假。三是"人体测量"游戏，让学生测量身体各部位的长度，如大拇指宽约1厘米、双臂伸平约1米等。

上述的游戏学生一定乐于参与，并且气氛活跃，但也有值得商榷的地方：第一个游戏，把最接近作为最佳答案是否恰当？第二个游戏，如果能把选择合理的度量单位结合进来，将原题改成"高老师的身高是2厘米"，让学生先考虑选择合理的单位，再估计实际的身高，这样就可以把身高的估计与合理选择长度单位很好地结合在一起了。

> **思考**
>
> 一个数学游戏的设计既要体现趣味性，也要体现数学味，也就是要让学生在参与游戏的过程中付出数学思考。如何做到两者兼顾？你有哪些经验与方法？

由王岚主编、石油工业出版社 2001 年出版的《北京名师教案》，收录了未署名的"厘米和米的认识"一课，全课大体可分认识长度、测量长度、估量长度三个环节。

在导入阶段，从数学史的角度引导学生了解长度单位的来历。教师设问：在生活中什么地方需要长度测量？你听说过哪些长度单位？你知道长度单位是怎么来的吗？这节课教学两个长度单位，分别是厘米与米，并且把认识 1 米 =100 厘米作为教学目标。相应地，在教学厘米这个单位时，学生经历的活动也比较单一，主要就是认尺子上的 1 厘米、找出生活中 1 厘米长的物品，并没有安排让学生经过反复的活动与体验来建立 1 厘米长的空间观念。在认识并揭示两个单位之间的进率之后，教学的重心转向用尺子合作测量上，包括让学生介绍合作的方法，教师指出这样安排的目的是让学生学会合作。

> **思 考**
>
> 与其说应强调测量中的合作，不如说应当强调测量中的分工。测量中强调分工更具有可操作性与实践意义。那么，如果是两人合作测量，应当如何分工呢？

笔者认为，作为度量单位的起始课，把厘米和米放在一节课中教学，未免有些负担过重，并不可避免地使得核心目标被边缘化。

> **思 考**
>
> 教学中常常会遇到"鱼和熊掌不可兼得"的问题。问题是，我们应当如何取舍呢？特别是起始课的教学，什么是优先目标？

曹培英老师在《小学数学教学改革探析——在规矩方圆中求索》一书中，讨论了计量单位的认识以及名数互化的教学要求问题。

计量单位的认识的首要教学任务是使学生对计量单位的实际"大小"形成鲜明的表象，如果就进率教进率，那么充其量只能使学生记住一些枯燥的数据。（曹培英，2004）[295]

> **小贴士**
>
> 单位之间的进率关系不是靠记住的,而是以单位长度的空间观念为基础,通过操作体验形成理解与联系。

曹老师指出,有些计量单位在日常生活中用得较多,也较容易调动学生相关生活经验并借助各种直观手段来帮助学生形成表象。像长度单位米、质量单位千克、时间单位秒是国际单位制中的基本单位,把基本单位的认识搞扎实,有利于后面的学习。(曹培英,2004)[296]

> **小贴士**
>
> 教与学都要区分主次,主是"根",次是"枝",纲举目张,这既是提高教学效率的策略,也是学生可以借鉴的学习方法。

关于名数的化、聚和简单计算,曹老师指出,过去由于既要教国际公制单位,又要教市制单位,单位间的进率换算较多,名数的化、聚比较繁杂。现在统一使用法定计量单位,相应地名数的化、聚内容也得到了简化。有些复杂的名数化聚,并没有多大的实用价值。在低年级和中年级,可以安排一些相同单位的简单计算,通过这些练习,使学生进一步熟悉所学的计量单位和进率,也为后面学习做铺垫,同时还能起到加强量与数的联系、复习巩固四则运算的作用。以长度的简单计算为例,初次教学时,可以先举例说明同一物体的长度可以用不同的单位来表示,如在米尺上指出 7 分米的长度,让学生用厘米来表示,并启发学生根据 1 分米 = 10 厘米推算,然后再观察米尺,确信 7 分米 = 70 厘米。以后就可引导学生根据单位的进率,联系乘、除法的含义,直接推算出结果。

到了高年级,通过较系统的整理,使学生掌握常用计量单位和单位间的进率,同时再教一些简单的单名数和复名数的化聚,比较有利。这里仍强调简单,一是指复名数的结构不宜复杂,二是指名数中的数不宜太繁,一般以能口算的为主比较适当,这样,学生只要搞清了复名数的组成,就仍可以根据进率和运算意义来推算。如 3 时 = ( ) 分,引出 3 时 50 分 = ( ) 分,使学生明确 3 时 50 分由哪两部分组成,就能让他们自己运用乘、加口算得出结果。名数的化聚教学的关键在于使学生掌握思考方法和理解推算过程，做到了这一点，是否概括化、聚的法则就无关紧要了。舍此，法则总结得再详细，记得再熟，也很难灵活运用。

> **小贴士**
>
> 名数的化聚教学的关键在于使学生掌握思考方法和理解推算过程。

刘晓玫（2005）老师在《小学数学教学研究》中指出，测量的含义是指出某个物体具有多少个单位的某种属性。一个测量总是带着一个测量单位，而一个测量加上它的测量单位称为一个量。一个测量活动包含五种基本性质：标记、比较、相等、单位复制、可加性。测量的知识有自己的特点，对测量的教学策略，刘老师提出以下建议：

一是注重在生活情境中开展测量知识的教学。测量源于生活，学生对测量的意义、不同的测量对象、测量单位、测量工具和方法等知识的理解都离不开实际生活中的素材，因此，无论是测量的知识还是运用测量知识解决问题的教学，都应注重联系生活，创设具有现实背景的问题，在生活情境中开展教学。

二是让学生在数学活动中建构和理解测量知识，体验测量过程并获得测量活动经验。教师可以从学生的生活经验和已有的知识出发，在生动、有趣的情境中呈现富有挑战性的材料，提供充分的课堂活动机会，如观察、估计、测量、比较等一系列活动，引导学生在自主探索和充分交流的过程中理解测量的意义、不同测量对象与测量单位。

三是让学生在解决虚拟测量问题中掌握测量方法，形成技能和发展能力。在教科书上出现的周长、面积与体积计算，多数是无须通过实际测量就能得知结果的虚拟问题。这类问题针对性明确，目的单一，对学生掌握计算方法、形成技能和发展能力具有不可低估的作用。

> **思考**
>
> 测量分为实际测量与虚拟测量，这两种测量有哪些共同和不同的教学目标？

四是通过多种途径培养学生的量感。以往在教学长度单位时，常常只注重记忆和计算，不重视对各种测量单位的认识和感知，其结果是学生只会算，不会估，头脑中只有数，没有量，影响了量感的形成。

> **思 考**
>
> 量感是什么意思？与数感有什么相同与不同？

量感是对空间测量单位和量的把握和感知。量感主要表现为三个方面：其一，对空间测量单位的感知，具体表现为形成表象，能进行想象或形象比喻。如三年级小学生对长度单位"米"的量感，可能表现为当他见到"米"这个长度单位时，能立刻在头脑里浮现出一米长的细木棒表象或1米长的线段表象。其二，具有选取适当单位的能力。实际上这是在"对空间测量单位的感知"基础上的进一步要求，它与解决问题中提高测量效率，恰当表示精确度以简化测量结果呈现有着直接的关系。例如，一棵高约34米的大树，改用厘米做单位，便要写成3400厘米，如果改用毫米作单位，就要写成34000毫米，与用米做单位相比，显然太麻烦了。其三，能恰当估测物体的空间量。对物体空间量的估测分为定性和定量两个层次。定性层次是指能判断两个或多个物体空间量的大小，主要依赖于空间的知觉。定量层次是指能估测出物体的空间量。它既依赖于不同测量单位的感知与经验，又依赖于丰富的测量经验和空间表象的积累，要求有较高的空间感知能力。

> **思 考**
>
> 下面几种活动，一是建立单位长度的空间观念，二是选择合适的测量单位，三是估测物体的长度，哪些与量感有关？

培养学生的量感，主要有两个途径。

一是注重实测活动。在实际测量中观察、感知测量单位，体验被测物体的空间量，并在这个过程中形成表象和记忆。测量是一种工具性操作技能，在实测活动中，教师要指导学生使用刻度，明确铅笔长是指铅笔哪两部分间的长度。在实测中，由于操作上和工具精确度等多方面因素的影响，很难做到精确无误。一般来说，允许的误差为±3毫米。

二是注重估测活动。估测活动不仅是培养学生量感的有效途径，而且也是发展学生解决问题策略的途径，在现实生活中有着广泛的应用。因此，

在测量教学中，教师应让学生有较多的机会从事估测活动。（刘晓玫，2005）

> **思 考**
>
> 试从教学目标、知识技能两个方面，说一说实测与估测的联系与区别。

文献观点综述

为了比较全面与深入地开展长度测量的教学研究，特别是从相关文献的阅读与理解中获得对教学的直接支持，我们对比较有代表性的《小学数学教师》《小学教学（数学版）》这两种小学数学专业杂志进行了检索，主要围绕以下几个问题：教学研究有哪些创新的出发点？不同的教学设计有何共性与差异？如何设计使用尺子的教学目标？建立单位长度的空间观念有哪些途径？怎样体会统一度量单位必要性？如何理解测量以及测量的长度单位？

> **小贴士**
>
> 以问题为线索检索文献，好处就像撒网捕鱼，在茫茫大海般的文献资料中抓住关键，突出重点。

> **思 考**
>
> 将以上几个检索的问题进行分类，再思考这些问题分别对应于哪些教学内容或目标。

我们查阅了不同时期的杂志与专著，发现以2001年推进的新课程改革为分界，之前对长度测量的教学研究比较少，可能的原因是过去对长度测量的教学侧重于基础知识和基本技能，教学的内容、目标及方法都比较传统。课程改革之后，重新定位了这部分内容，学习材料的呈现、教学目标的定位都有了很大的变化，这一时期教学研究也空前活跃，关于长度测量的研究文章如雨后春笋般涌现出来。不过，这些研究都聚焦于几个重点，如怎样让学生经历统一度量单位的思考，如何帮助学生建立单位长度的空间观念。

(1) 教学研究有哪些创新的出发点？

与一般的教学案例有所不同，一些特级教师另辟蹊径，开创了新的研究视角，这对教学中如何理解知识、怎样研究学生、如何实施有效教学等问题起到了重要的启发作用。

朱乐平老师把计量单位与计数单位联系起来，指出它们都是一种标准量，用这个标准量对物体进行度量，并用一个数量来刻画出物体的这种特性。这样联系起来思考，可以体会数学的设计是十分美妙的，可进一步增进对测量单位本质的理解。

俞正强老师强调，单位其实就是一种标准，是一种规定，它是固定不变的，地球上的1厘米与月球上的1厘米长度是相等的。在俞老师看来，学生会认为一切都是有生命的，当学生把单位与整体理解为部分与整体的关系时，就认为部分会随着整体的变化而变化，如同一个人长大了，他的鼻子也会随之长大一样。这真是一种与众不同的思考，是一个研究学生数学理解的崭新角度。

曹培英老师指出，长度测量教学的首要任务是对单位的实际"大小"形成鲜明的表象，这已经成为一个共识。但曹老师又指出，学生形成了正确的表象，就容易掌握单位间的进率，也有助于正确运用这些单位进行估测或实测。特别地，他把单位之间的表象与单位之间的互化联系起来，揭示两者之间内在的教学逻辑，为教师进行有效的教学提供了很好的策略。

> **小贴士**
>
> 这些特级教师思考问题的角度给了我们很多启示，他们更加注重知识间内隐的联系，更加关注学生的学习心理，更善于抓住知识的本质。

(2) 不同的教学设计有何共性与差异？

一般来说，测量的学习主要包括单位认识与测量技能两个方面。尽管对教学内容的描述是如此清晰且简单，但不同的教学设计对这两方面的内容有不同的侧重，教学内容的组织也是五彩缤纷、五花八门。"认识厘米"这节课的教学内容可以分为三个板块：一是体会统一度量单位的必要性；

二是认识长度单位厘米;三是学习用尺子度量物体的长度。每一个板块的内容都可以进一步细分,比如认识长度单位厘米,就有从尺子上找出1厘米、从生活中找1厘米长的物体、画出1厘米长的线段、用1厘米的长度去估测等。如同搭积木一样,选择不同的内容形成教学序列,使得这节课教学的具体过程千变万化,各不相同。

> **思 考**
>
> 教材为教学设计留有弹性的空间,教师在具体的教学设计中需要思考的问题有很多,如怎样选择教学的内容、如何安排教学序列等,甚至常常会有"难以割舍"的困惑。对于这种问题,你是如何处理的呢?教学目标在你的决策中起到了怎样的作用呢?

比较基于人教版教材与北师版教材的教学设计,可以看出共同的特点是重视让学生经历用非标准单位的度量活动,并因此使学生得到统一度量单位必要性的体验,由此引出尺子的认识。这些教学设计的共性似乎提供了一个教学的基本逻辑,即用非标准单位测量物体的长度是学生认识标准尺子的基础,它事实上提供了统一度量单位重要性的经验与认知。或许只有让学生亲历了测量活动,这种体验才是真实的,理解才是深刻的。不过即使认可这种教学的逻辑,实践中也会有不同的思考,有的教师仅仅是因为考虑到厘米是学生认识的第一个长度测量单位,学生理解起来会有困难,所以才安排大量的测量实践活动。这种急功近利的做法,显然不是从单位演变的文化内涵出发,而是为了突破目前学生学习的难点。

> **小贴士**
>
> 要透过现象看本质。相同的教学设计背后也有不同的思考,阅读或欣赏一个教学案例,可以想想作者为什么这样设计,可能是出于怎样的考虑。

可以肯定的一点是,对于学生理解统一度量单位的意义来说,测量活动的操作与体验是重要的,但这样的体验是不是需要反复地进行,对于这个问题有不同的观点。有的教师认为,在长度的教学中已经体验了统一度量单位的重要性了,这种认知与理解可以迁移到其他单位的理解中。相反的观点则认为,这个体验的过程联系着数学的重要思想与方法,需要反复进行,因为学生在厘米的认识中经历体验之后,在米的认识中会提出这样的问题:有厘米这个单位不是就够了吗?为什么还要学习米呢?

或许这个问题是真实存在的,不过这与统一度量单位必要性的体验并不是一回事。事实上,对于为什么还要有米这样的单位,学生只要在测量的操作活动中去体会厘米这个单位太小,操作起来很不方便就可以了。这时学生需要体验的不是统一度量单位的重要性,而是多元化的世界需要多样化的度量单位。

> **思 考**
>
> 再问:测量单位是越多越好,还是越少越好?为什么?

其实度量单位与数学公理一样,不是越多越好,而是越少越好。重要的是要建立这些单位之间的换算关系,同样的,这种关系也是越简单越好。对于这个问题的理解,可以从相反的方向考虑:假如长度单位之间的进率不是10,而是13,那么长度单位的换算就会十分麻烦。把长度单位的进率与十进制计数法联系起来,不仅使得换算极其方便,而且在数的运算中建立的一套规则,可以直接迁移到单位的换算中,极大地方便了人们学习与掌握。

> **小贴士**
>
> 在一个领域学习的知识可以迁移到另一个领域,是人类的大智慧。

(3) 如何设计使用尺子的教学目标?

在长度测量教学众多的文献中,比较多的集中在对厘米的认识的研究上。可能是由于认识厘米是学生学习长度测量的起点,这节课的教学"内涵"比较丰富,创新的空间比较大。2001年之后的教学,几乎无一例外地把经历统一度量单位的思考、学习使用尺子的操作技能、建立单位长度的空间观念作为重要目标。与之前的教学相比,在这三个目标中,只有使用尺子的操作技能目标是对传统的继承。一个比较有意义的研究问题是:在新课程改革的背景下,长度测量的教学目标有了很大的拓展,那么,使用尺子量这个目标的落实是否有变化?

> **小贴士**
> 看变化中有没有不变的地方，这是分析问题的一个重要的视角。

对于初学者来说，长度测量不仅是一个综合性很强的数学活动，也是一个联系广泛的数学活动。长度测量首先需要认识尺子。不同的教师在认识尺子的教学上有很大的差异，大致可以分成两类：一类是由教师直接告诉学生，测量时需要把 0 刻度与物体的一端对齐；另一类是让学生独立尝试，之后交流测量的方法，从中去体会把 0 刻度与物体一端对齐带来的便捷，并把这种教学理解为充分让学生去发现，给学生提供活动的空间，体现以学生活动为中心的探索性学习方式。

当然，也有调查研究的数据可以作为这个教学设计的依据：有 80% 以上的学生在使用尺子时是把尺子的一端与物体的一端对齐，而不是与 0 刻度对齐。有的学生虽然能正确测量，但不明白为什么测得的是这个结果。

> **思考**
> 这里可以引申一个更为一般的问题：在学习中，一个操作技能的习得，是否需要了解背后的原理？关于这个问题，你怎么看？

对于这个问题，给出任何是与否的回答都是仓促的。更为一般的，这个解释原理的活动联系到许多数学理解：如果把尺子作为植树问题的模型，刻度就是树，单位长度就是间隔；如果把尺子作为自然数列的模型，那么用尺子量实际上就是数数。当然，无论作为哪种模型来理解，牵强的联系都不利于学生理解，这需要充分展开的过程，需要让学生慢慢去体会。

> **小贴士**
> 教师应当理解这些联系，但未必一定要向学生解释。

测量本质上是用标准尺与被测量的物体进行比较。学生已有的经验是，比较两个物体的长度时，就把这两个物体一端对齐，从这样的角度来看，如果学生没有理解尺子上的刻度，那么测量时把尺子的一端与物体对齐就是情理之中的事了。所以，教师把教学聚焦于 0 刻度线上，讨论测量的时候应当从哪里开始,是一项有意义的教学活动。

长度测量绝不仅仅是使用尺子这么简单,它联系着测量的策略与方法,包括:如何使用一把断了的尺子(如没有 0 刻度线)进行测量?在尺子不够长时怎么办?如何用一把尺子和绳子测量一个圆形物体一周的长度?等等。许多教学把这些具有挑战性的测量任务作为培养学生解决问题能力与创新思维的重要活动。由此,不同的教学对于测量操作活动的要求差异其实是很大的。这种差异如果被设计在一个较长的教学单元中,或许不足为怪,但是在新课教学里,这种差异设计就体现了执教者对教学核心目标的定位与教学价值的判断。

> **思 考**
>
> 测量的操作技能不只是如何用尺子进行直接测量,还包括如何巧妙地运用尺子进行间接的测量。你能举出间接测量的例子吗?

测量长度时需要兼顾的东西比较多,刚开始学习使用尺子的时候,常常会顾此失彼。比如 0 刻度对齐,尺子与被测量的物体要对齐(平行),读出另一端所对的刻度即物体的长度,这些都需要在重复的训练中逐步形成熟练的技能。通常的做法是把这个综合的技能进行分解,一步一步对照标准来操作,最后形成连贯的动作。比用尺子测量物体长度更具有挑战性的任务是估测,这需要以测量的经验作为基础。教学中比较常用的方法是把测量与估测结合起来,先估计物体的长度,再通过测量加以验证,先估计再测量。

(4)建立单位长度的空间观念有哪些途径?

长度单位空间观念的建立,不仅是认识与理解这个单位所需要的,也是学生估计物体的长度,发展学生的空间观念的所需要的。

1 厘米长度的空间观念的建立,既是最重要的,也是最困难的,需要反复的体验与校正。例如,通过观察手指的宽度画出 1 厘米长的线段、在周围找出 1 厘米长的物体等活动,支持学生建立 1 厘米长的空间观念。相关文献对这个问题都有细致的描述,但基本上大同小异,不过这并不是坏处,至少可以说明这些活动在不同的教学中被证明是有效的。

> **小贴士**
>
> 教学设计不应一味地求异，对众多案例进行分析，获得成功的支持条件，从案例中求同也是十分重要的，否则，教学就不可能建立在经验之上，而是一直在黑暗中摸索。

不同的教学设计体现了一个共同的特点，就是让学生反复体验。教学设计的差异主要体现在：有的体验中，比较注重学生反思性的思考，如不用尺子先画一条长1厘米的线段，再用尺子量一量，看看画得长了还是短了，再画一条再量，在这个具体的操作过程中，不断地修正脑子中建立的1厘米长的空间表象；有的教学并没有进行这样的操作，而是让学生直接从生活中找长约1厘米的物品，这时候需要的核心知识就是1厘米长的空间表象；也有一些教学会把以上两种方法都用上，通过"反复"体验达到既定的教学目标，不过这里的"反复"不是简单的重复，而是有层次设计的。

> **思考**
>
> 一个体验1厘米到底有多长的活动，应当包含哪几个主要的环节或层次？

从不同的教学中可以概括出，一个完整的反复体验过程包括这样几个环节：一是从尺子中认识1厘米；二是从众多的实物中找出1厘米长的物品；三是徒手画出1厘米长的线段，再用尺子去检验校正，然后再画，直至比较准确；四是用两个手指间的距离表示出1厘米。学生在这些层级递进的表现性任务中，可以逐步减少对1厘米认识的误差。

测量也是程序性知识，需要通过实际操作活动才能理解操作的程序，并形成熟练的技能。建立长度单位的空间观念是一个有挑战性的学习任务，需要通过反复校验才能逐步减少误差。一些教学案例的标题中突出"在亲历中建构"、"在实践活动中学习长度测量"、"真切的数学体验"等，内容中比较高频率地出现"实践"、"体验"、"亲历"、"建构"等字眼。用甘肃省李森柏（2009）老师的话说，长度测量是小学阶段学习法定计量单位的开始，它的教育价值不只是让学生对概念作形式化的表达，更要让学生真正建立1厘米实际长度的空间观念。学生长度观念的形成不能单靠教师的讲授，而是要以学生的经验为基础，通过观察、操作、想象、交流等丰富多彩的体验活动逐步形成。

> **思考**
>
> 简单地说，学生建立1厘米长的空间观念，要通过自己亲历的活动与反思的过程，任何人的告诉都不能替代这个自我建构的过程。想一想，教学中还有哪些知识的获得是其他人的思维不能替代的？你能举出一两个例子吗？

（5）怎样体会统一度量单位必要性？

体会统一度量单位必要性的具体教学过程是多种多样的，根据学生是否亲身经历度量的活动过程，可以分为两种类型，事实上也是两种教学的路径：一是由教师直接给学生提供不同长度的物品，让学生选择其中一种物品作为度量工具，学生自己经历测量活动得到不同的结果，如桌子的长度是5支铅笔、17块橡皮等，然后讨论为什么大家测量的结果不一样，这个讨论，把问题归因于测量工具的不同，实际上就是单位长度不同，进而让学生体会统一度量单位的必要性；二是不让学生直接参与测量活动，而是把不同长度的物体以单位格子计数，如放在不同的长方形方格里，讨论格子数相同的物体为什么长度不一样。

> **思考**
>
> 这两种教学方法各有什么优点与缺点？你比较喜欢哪一种呢？

这两种教学方法各有优点与不足。前者让学生经历具体的操作活动，有利于积累测量活动的基本经验，但花的时间比较多，而且学生在测量的过程中可能把注意力集中于操作活动本身，而不是对问题的思考。前者的优点正是后者的不足，而前者的不足正是后者的优点。

其实两种教学设计的本质是一致的，都是让学生观察到用不同的单位去测量同一物体，得到的数量是不同的。之所以要把它们划分为两种不同的类型，主要有两个考虑：一是任何一个教学设计都不可能是完美无缺的，特别是把影响教学的各种因素联系起来考虑时，每个教学设计的优点后面都可能有某些缺憾，教师在教学时应当学会选择与分析；二是对一个教学设计优劣的分析，不能孤立地看某个教学环节，而是需要从教学的整体上来观察。如让学生亲历测量的活动，这对积累操作经验无疑是有益的，但是教师也应当意识到，这个环节是为后面的讨论做准备的，因而要让学生带着思考进行测量，比如自己测量了之后再观察同学的测量，然后思考为什么两人得到的结果不一样。

> **思 考**
>
> 很多教师都害怕课堂中让学生操作，因为学生在操作的时候，注意力往往在手上，而不是在脑中，也就是说，他们常常会忘记思考。对于这个问题，应当怎样解决？提示：要让学生明确操作是为了寻找答案，要把注意力集中于思考问题的答案而不是如何操作上。

(6) 如何理解测量以及测量的单位？

如果把测量看作一种技能，那么再精彩的教学也不可能是完美的。对长度测量与长度单位的理解，除了认识这个单位是什么以及如何利用长度单位进行测量之外，还有一个很重要的方面就是理解单位背后的文化意义，特别要把对这种文化意义的理解渗透在教学活动当中。对统一度量单位重要性的理解只是其中的一部分，更为核心的是，人类为什么要创造出度量的单位？这个单位与其他数学知识是怎样联系的？这些问题构成了度量单位文化意义的内核，也是通常教学中往往被忽视的部分。

最后需要讨论的是，从现有的文献研究中，是否发现长度测量的教学研究还存在什么问题。前面所说的缺乏系统性是一个方面，进一步可以思考，如何让学生更深入地理解测量活动。这个问题看起来十分基础，其实十分深奥。为什么说这个问题十分深奥呢？因为回答这个问题需要理解人类为什么要这样来设计长度单位，理解长度单位设计背后的智慧，并以恰当的方式让学生去理解和体会，从而达到以知启智的教学目的。

4.2 理论指导下的长度测量教学

教学理论不一定能告诉教师做什么、怎么做，但可以给教师提供做出正确决策的原则，并让教师以规范的语言来讨论其经验与观点。一个教学理论无论有多么复杂，它最终都必须与可观察的教学事件相联系，这就是以理论的视角来分析课例的意义所在，也是教学理论指导实践的支点所在。在这一节中，你可以看到许多教学的片段与一些理论是如何联系的，或许在阅读中你能体会到理论对于指导教学实践的意义。

需要说明的是，没有哪个教学是完全照着某种理论来设计的，也没有哪种好的理论可以指导所有的教学。如果一个理论能阐明所做的各种观察，并引发进一步的研究，那么这个理论就是一个好的理论。

> **思考**
>
> 你觉得理论与实践是一种怎样的关系？日常教学中你有根据某种理论设计教学，或者是设计了某种教学再去寻找理论支持的经历吗？

试图用理论来阐释教学设计的努力是有意义的。用理论来解释教学设计，要回答的核心问题是：为什么要这样设计？这样设计的合理性何在？可能正是在这样的思考中，教学设计会变得越来越理性，教学的实践会变得越来越有效。这就是理论对教学设计与实践的支持作用。

> **小贴士**
>
> 理论让实践有理性的智慧。

为什么要强调在"做"中学测量？

"做中学"的学习理论指出，小学生学习的几何是经验几何，是非正式几何，它强调操作与直观。以三角形内角和为例，小学的教学主要通过测量与实验的方法得出内角和是180度的结论，这些方法本质上是物理方法，而不是数学方法；中学生学习这个内容则不一样，主要是通过推理证明。前者学习的是经验几何，后者学习的是逻辑几何。

> **思考**
>
> 阅读下面的教学片段，想一想：学生在"做"的过程中可以"学"到什么？

【片段：为什么量出的结果不一样？】

师：你能说一说你的课桌有多长、你的数学课本有多长吗？可以用你手头的工具测一测。

师：通过刚才的实际测量，你们都有了结果。有的同学说数学书有5颗别针那么长，有的同学说数学书有4个长方形那么长，有的同学说数学书有3把小刀那么长。（在黑板上记录5颗别针、4个长方形、3把小刀）

师：我们测量的都是同样的课本，大家量的都是长的边，为什么得到的结果不一样呢？

师：在实际生活中，人们用不同的测量工具测量，得到的结果可能不一样，这会给交流带来麻烦。你们看这个问题怎么解决呢？我们需要统一的长度单位，你知道有哪些长度单位吗？（揭示课题，介绍测量的工具）

由于让学生亲历了测量的实践操作，可以弥补学生缺乏真切体验的缺陷，不过，从上面描述的过程来看，这个操作的过程只是教学引子，教师主要是想从学生的测量中引出讨论的话题，而不是启发学生自己发现问题、提出问题。

> **思考**
>
> 如何改进上面的教学过程，使学生主动地发现问题并提出问题？

以"做中学"理论指导长度测量的教学，主要是通过操作活动来促进几何概念的发展，从某种意义上来说，是强调让学生积累丰富的活动经验，为进一步学习逻辑几何提供基础。这样，几何就变成学生做的一些事情，而不只是看到的和读到的东西。知识从做中来，从实践活动中来。

再如，学生建立1厘米长的空间观念，从尺子上认识1厘米到脑子中想象1厘米，是两个不同的学习阶段，这是一个从观察到想象、从外部刺激到内部构建的过程。跨越这个过程应当由学生自己来完成，任何其他人的思维活动都代替不了学生自主的建构活动。教师能做的，就是通过精心设计的活动，促进学生完成这种建构。这些活动大致包括：从尺子上找出1厘米，把从尺子上观察到的1厘米转化为自己的表达，比如找出生活中1厘米的例子，徒手画出1厘米长的线段，用建立的1厘米的空间观念去估计物体的长度，等等。这些活动任务的核心是学生自己的观察、操作与想象，就是学生自己的做，活动的结果就是在脑子中形成1厘米长的空间表象，就是所谓的学。

【片段：你能很快比画出1厘米吗？】

看一看。让学生观察课本上正方体的边长，指出：尺子上从刻度0到刻度1之间的长度就是1厘米。然后让学生指出自己尺子上的1厘米，再同桌相互看一看。

找一找。尺子上还有哪些段长度也是1厘米长呢？学生举例之后概括出：相邻两个数之间的刻度线间隔都是相等的，因此尺子上每一大格的长度都是1厘米。

比一比。左手拿稳尺子，右手大拇指指向刻度0，食指指向刻度1，根据两个手指分开的距离来看看1厘米有多长。再把尺子拿走，同桌互相用两手指比画出1厘米，看谁比得更准确些（可用尺子进行验证）。

量一量。在我们身边哪些物体的长度大约是1厘米？学生举例：图钉的长度、食指的宽度、小楷格子的边长等。让学生观察这些1厘米的长度，在脑子里记住它。

想一想。让学生直接用手比画出1厘米的长度，再闭上眼睛想一想1厘米有多长。

> **思考**
>
> 上面看一看、找一找、比一比、量一量、想一想的过程，是学生逐步摆脱尺子，在脑子中建立1厘米长表象的过程。你觉得这样的过程需要"往回走"，或者说需要反复吗？

师：想不想来玩个游戏啊？看看谁最有本事，手这样一分开就是1厘米，行不行？做给老师看。

师：想不想老师教你们一个好办法？跟老师一起来做。（师说方法）学会了吗？

师：那你们不用小棒能很快比画出1厘米吗？开始……到底准不准呢？我们可以把小棒仍旧塞进去检验一下，如果正好就说明你比画准了。

师：想不想再来一次？开始……这次老师要请同桌小朋友帮你检验一下了。

师：现在老师请小朋友闭上眼睛，想想1厘米有多长。张开眼睛，请小朋友们找一找，在我们身上哪些部分的长大约是1厘米呢？（重点讲解食指的宽）

在认识厘米的时候，呈现给学生一个1厘米的表象，让学生说说对1厘米有什么感觉，然后让学生比画一下1厘米有多长，加深对1厘米的表象。这个教学片段突出了1厘米长度的表象建立过程，特别是以实物校验学生依据脑子中的表象构建出的长度是否正确，是一个操作性比较好的教学环节，从学生的角度也是一个反思性的学习过程。

把"做中学"的理论与过程学习联系起来，以下的特点清晰可见：学习者是通过大量的数学学习活动，来自主建构对数学知识的理解，在这个过程中，学生原有的知识背景、活动经验发挥了重要的作用，他们通过独立思考、合作反思等多样化的学习方式，经历了一种更高层次的学习。

> **思考**
>
> 通过上面的阅读，请你写下"做中学"的几个关键词。

"做中学"特别强调过程，亲历、反思、自主是这种学习方式的关键词，它既是学会学习的重要方式，也是学习本来应有的目的。

> **小贴士**
>
> 学生的学习他人不可替代，"做中学"是学习本应有的真实面目。

怎样教学测量中的程序性知识？

知识分为陈述性知识与程序性知识。这种分类方法，是从人类个体的认知结构出发，把知识与记忆联结在一起，区分出的两类不同的知识。

> **思考**
>
> 对知识进行分类研究是很重要的，对教学也有重要的指导意义：可根据不同知识的特点设计教学。"如何使用尺子进行测量"与"认识1厘米究竟有多长"这两种知识类型有什么区别？

根据知识的不同特点采用不同的教学方法，这是在教学中对知识进行分类的价值所在。长度测量包括长度单位与测量方法，这两个方面的知识区别十分明显。长度单位的认识是陈述性知识，用尺子测量长度是程序性知识。当然，这样的分类也不是绝对的。举例说，让学生经历用不同的度量单位测量同一物体的长度，进而体会统一度量单位的必要性，到底应当归入哪一类？还是两类知识的组合体？因此，这种分类是动态的，不仅两类知识之间可以相互转化，而且不同的个体往往拥有不同的知识，分类的目的不在于对知识本身的界定，而是要揭示人类个体的学习过程。

陈述性知识是可以说出来的。获得陈述性知识有两个途径：一是通过环境的信息编码，二是对先前经验的记忆。前者是被动的、接受式的，后者是主动的、建构式的。教学不可能完全依赖于某一种途径，两种途径的有机结合才是教学的常态。

【片段：观察尺子】

师：我们首先来观看一段录像。（CAI 出示）

师：你们看到了什么？（看到裁缝师傅在给小朋友量尺寸做衣服；老师给小朋友量身高；工人师傅在量课桌的长）

师：他们是用什么量的？（尺）对了，要想知道物体的长度，我们用什么来量？（尺）

师：尺的种类很多，（出示软尺、钢皮尺、卷尺、米尺……逐一介绍名称）但是我们常用的尺是米尺。（出示米尺的一部分）这是米尺的一部分，同学们用的尺也是米尺的一部分，观察一下尺上有些什么？（讨论）

交流：尺上有数字（从 0 开始），有很多长短不一的线，有 cm。

师：尺上长短不一的线叫刻度线，每条长的刻度线下面或者旁边都写着数字，第一条刻度线下面写着 0，它就叫 0 刻度。下面写 1 的刻度线叫 1 刻度。那么，下面写了 5 的刻度线叫几刻度呢？

练习：（用手指着尺子上的数字，任意地说再说出其他 5 个刻度。

师：刚才同学们说尺上还有 cm，（板书：cm）它是厘米的英文缩写。（板书：厘米）人们在量比较短的物体时，常用厘米作单位。今天老师带领同学们一起来认识厘米。（补充板书：认识厘米）

1 厘米有多长，这是一种规定，没有必要让学生探索。像这样的知识，主要以教师讲授为主，通过录像介绍尺子的构成，在较短的时间内传递了较多的信息，可以较快地推进教学的进度。

建立长度单位概念属于哪种学习方式？

通常认为，学生学习数学概念主要有两种方式：一种是概念的形成，另一种是概念的同化。两种概念学习方式的区别在于，学习者原有的知识结构中是否有可以利用的相关概念。如果没有可利用的相关概念，就是概念的形成；如果有相关概念可以利用，就是概念的同化。虽然可以利用的相关概念本身就是一个模糊的表述，但仍然可以区分不同的概念学习方式。

> **小贴士**
> 如果对一个理论既能说得很具体，也能说得很简单，那么就可以说这个理论被我们理解了。

在长度测量的不同学习阶段，学生分别以概念的形成与概念的同化两种方式学习长度单位。一般来说，初学阶段主要是概念形成，如认识厘米，进一步的学习如认识分米等则是概念同化。因为初学长度单位时，从教学的逻辑上说，学生一般没有可利用的相关概念，而在学习分米这个单位时，则可以把厘米的学习作为相关概念进行比较与利用。当然，也不能排除学生在学习厘米时，之前也曾接触过来自于日常生活的长度单位。所以，教学是极其复杂的，在同一个班级中教学同一个概念，学生可能因为可以利用的基础不同，学习概念的方式也会有差异，不能一概而论。

> **小贴士**
> 教学厘米之前，了解学生对长度单位的已有认知是重要的，这决定了学生学习新概念的方式。

概念形成是概念学习历程中非常重要的一部分，也是思维过程上最复杂的部分。概念形成需要两个基本条件：一是学习者必须能从许多事物或情境中认识或抽象出它们的共同特征，以便进行概括；二是学习者必须能够辨别与概念相关或不相关的标志，以便进行区别分类。从这两个基本条件可以看出，概念形成的核心是理解，而这个理解是建立在学生对相关的材料进行概括分类等深度加工的基础上的。因此，在小学数学中，许多概念的教学都是分阶段进行的。

> **思考**
>
> 小学数学中有许多概念是分阶段学习的，如分数的认识、平行四边形的认识，你还能举出其他例子吗？

概念同化是利用学生已有的知识经验，以定义的方式直接提出概念，并揭露其本质属性，由学生主动地与原认知结构中的有关概念相联系去学习和掌握概念的方式。（鲍建生 等，2009）如通常认识1毫米是在学习了厘米与分米之后进行的，在这之前，学生已经知道了1分米等于10厘米，教学毫米时，就可以让学生猜想1毫米大约有多长，然后思考它与1厘米之间有什么关系。类似于这样的问题，实际上是引导学生思考概念与发现的关系。这样的教学之所以可能，是因为在前面认识1厘米与1分米的过程中，学生已经有了可以利用的概念，并在学习这些知识的过程中积累了丰富的活动经验。

【片段：认识几厘米】

师：在尺子上找一找，从哪儿到哪儿是2厘米长？（鼓励学生说出不同的答案，如：从刻度0到刻度2是2厘米，从刻度1到刻度3是2厘米，从刻度5到刻度7是2厘米……）

师：请你和同桌用手指相互比画一下2厘米大约有多长。

小组活动：在尺子上找一找，从哪儿到哪儿是3厘米？从哪儿到哪儿是5厘米？你还能找其他的厘米数吗？

师：通过在尺子上找这几个不同的长度，你们有什么发现？

师（相机指出）：从0刻度到刻度几就是几厘米，用后面大的刻度数减去前面小的刻度数，得几就是几厘米；是几厘米，就有几个1厘米。

学生从尺子上找2厘米、3厘米、5厘米、其他厘米数，在这个过程中，归纳概括结论：从0刻度开始，到几就是几厘米。这个学习过程就是利用了学生认识尺子上1厘米长度这一原有基础。

可以这样理解，概念的形成主要是经由学生概括得到概念，而概念的同化则是利用原有概念来学习新的概念。

长度单位教学中如何运用变式理论？

所谓变式就是变更对象的非本质特征的表现形式，变更观察事物的角度或方法，以突出对象的本质特征，突出那些隐蔽的本质要素。一句话，变式是指事物的肯定例证在无关特征方面的变化。教学中运用变式，就是从对象的特征中区分出本质特征，从而更好地掌握事物的本质和规律。数学教育的国际比较普遍认为，变式是中国初等数学教育的重要特色之一，也是我国数学教育基础比较扎实的原因之一。（张奠宙 等，2013）

> **小贴士**
> 变式教学是我国数学教育的宝贵经验，甚至有学者认为这是我国学生数学基础比较扎实的重要法宝。

数学概念就是通过对变式进行比较，舍弃非本质特征并抽象出本质特征而建立起来的。（卢敏玲，2011）

【片段：3厘米就是几大格？】

师：刚才我们知道了1厘米是1大格，那2厘米就是（2大格），2厘米有多长，你能在尺上比画一下吗？

师：2厘米是从哪儿到哪儿？有不同的吗？（师比画）2厘米长吗？

师：2厘米有这么长，不用直尺，你能来估计一下3厘米有多长吗？（指名估计比画）小朋友自己估计一下呢？

师：那3厘米到底有多长呢？还是请我们的好朋友——尺子来帮忙，请小朋友在尺上比画一下，同桌互相说一说3厘米是从哪儿到哪儿。

师：3厘米从哪儿到哪儿，有不同的吗？

师：不管从哪儿到哪儿，3厘米就是几大格？

师：你还想知道几厘米的长度？（指名说一说）把你想知道的自己先估计一下，再拿着尺比画给同桌看一看。

> **思考**
> 在上面的教学环节中，变式主要体现在哪些细节中？

为了巩固知识，增进学生的理解，教学通常要让学生辨别相关的例子。

辨别的过程与概念教学的变式理论相一致，是学生进一步深入学习所必须的。

【片段：这些测量对不对？】

师：同学们表现都不错，但是老师碰到一位数学小马虎，大家一起来看看，这位小马虎在测量物体长度时是如何做的。

（1）尺放斜了。（×）

（2）对准零刻度开始量的。（√）

（3）对准尺的顶端开始量的。（×）

（4）用断尺的某一部分量的，方法正确，但计算错误。（×）

师：这位小马虎可真够马虎的，大家可不能学他呀！

> **思考**
> 简单地说，变式在教学中有什么作用？

任何一个数学概念都是抽象的。对学习者来说，理解概念一般是先从相关的例子入手，进一步抽象概括出这个概念。变式在学生获得概念的过程中起着重要作用。

如何运用学习的动机理论？

学习动机也是一个意义丰富的概念，是指学生认为学习活动是有意义的、有价值的，并试图从中获得预期的收益。具有学习动机的学生会努力去理解学习的主题，而不管他们是否觉得这个主题本身很有趣或者是否喜欢。他们不断地做出努力只是因为他们相信理解这个主题是有价值并值得去做的。动机对学生学习的作用不容小觑。有学习动机的学生会运用更高级的认知活动，进而学习和记忆更多的内容。教师的一项重要任务就是要考虑如何激发学生的学习动机。

> **思考**
> 下面有两个教学引入的片段，可以边读边想：这两个片段是如何激发学生的学习动机的？

【片段：故事引入】

故事简介：从前有一个农夫，想做一件新衣服。店里的老师傅伸出手掌，对着农夫的旧衣服便开始量长度，让他的徒弟记录下来：身长3拃。农夫走后，师傅让徒弟学着做衣服。衣服做好后，农夫试穿了一下，发现太小了。师傅量了一下，只有两拃长。徒弟觉得很奇怪，心里想：我是做了3拃长的呀！（说完后让学生交流原因）

介绍：古时候，人们都和故事中的裁缝一样，是以人体的手掌、手臂、脚步等作为标准来确定长度的。后来人们开始认识到由于人的高矮不同，形成长度单位的长短不同，非常混乱，因此人们交流时就很不方便。直到近代，全世界才使用了统一的长度单位，如千米、米、分米、厘米、毫米等。今天我们就一起来学习其中的一种长度单位厘米，它是用来量较短的物体的。

以故事引入，比较容易引起学生的学习兴趣。故事的情节中包含了统一长度单位必要性的思考，之后补充介绍的人类统一长度单位的简要历程，有利于增进学生对统一长度单位必要性的认识。故事中有思考，史料中有背景，相得益彰，对于提升学生的学习兴趣、丰富学生的背景知识有帮助。

【片段：游戏引入】

师：在上新课之前，为了缓解大家紧张的心情，我们先做一个量铅笔的游戏好不好？游戏分两个组，男生一组，女生一组。女生先量，男生闭上眼睛不许偷看。请你量一量铅笔有几根小棒那么长，仔细观察，悄悄记住。

一名女生在实物投影上量。

师：量好了吗？记住了吗？先别说。男同学来，女同学闭上眼睛，男同学仔细观察。

一名男生在实物投影上量。

师：男生看清楚了吗？有几根小棒那么长？睁开眼睛。女生测的铅笔的长度是几根小棒那么长？

生：2根。

师：男同学呢？

生：3根。

师：同学们测得都比较准。那你们猜谁的铅笔比较长啊？

生：男生。

师：有不同意见吗？好！把两支铅笔放在一起，怎么样？一样长。这是怎么回事？

生：小棒的长度不一样。

师：(实物投影演示、验证) 真是这样。你观察得真仔细、真好，为你们组争得了一个宝葫芦。大家测量的过程中要用同样的小棒进行测量，才能特别准确。看来测量物体的长度要有统一的单位。今天我们就来认识一个长度单位——厘米。

这个游戏活动中的数学情节比较简单，由于把统一单位的认知设计在一个没有提示的操作比较中，容易引起学生的认知冲突，加深对统一度量单位必要性的认识。

小贴士

无论是故事引入还是游戏引入，学生在学习的过程中思考数学问题都是重要的，这是数学故事或数学游戏的核心成分。

测量教学中如何运用好感知规律？

学生的学习是从获取感性认识开始的。数学知识的摄取，就是运用各种感官去观察、去操作、去阅读各种有关的材料，去听取教师的解释、说明，以获得较丰富的感性认识。学生学习数学知识，是在多种心理因素共同作用下进行的，其中起主要作用的核心心理因素就是感知。感知的规律有强度律、差异律、变动律、协同律、理解律与变式律，这些规律与长度测量的教学都有一定的联系。分析这些联系，有利于选择更好的学习材料，设计更有效的教学方法。(曹培英，2004)[120]

感知的差异律，是指被感知的对象与它的背景之间要有一定区别，才能感知得清楚。对象与背景的差异越大，对象就被感知得越清晰。

【片段：10厘米比1厘米长多了】

师：刚才我们说从刻度0到刻度1的长度是1厘米，谁还能在自己的尺子上找出1厘米？(学生举例)

师：这里有许多1厘米，那你能从中找出2厘米吗？你是怎样找的？

（学生举例）

师：你们找得可真快！那么5厘米是从刻度几到刻度几呢？8厘米呢？

（学生举例）

师：每人从自己的尺子上找出10厘米，用一只手比画出来，再用另一只手比画出1厘米，比较一下，说说你有什么想法。

生：1厘米太短了。

生：10厘米里面有10个1厘米。

生：10厘米比1厘米长多了。

生：我的铅笔大约有两个10厘米那么长。

师：你们的感觉真不错。

"让学生一只手比画出10厘米，另一只手比画出1厘米，并说说有什么想法"这一环节的设计，让学生对10厘米与1厘米获得了独特的体验和理解，从长短上形成鲜明的对比，对"1厘米"建立清晰的认识。学生在反思调整中建构了属于自己的知识，同时为教学分米和厘米之间的进率做了有益的铺垫。

> **思 考**
>
> 10厘米与1厘米的长短在视觉上形成了鲜明的对比，这个感知是学生通过自己的比画得到的。教学也可以用另一种方式，由老师直接提供1厘米长与10厘米长的小棒让学生观察，问：你比较喜欢哪一种？为什么？

感知的变动律，是指通常变动的对象较静止的对象更易于引起注意和观察的兴趣。如果把这个规律作一个推广，可以理解为变化的学习材料更有利于激发学生的学习兴趣。（曹培英，2004）[123]

【片段：大约几厘米】

估一估。

谈话：课前老师发给你们一张粉色长方形纸（5cm×10cm），不用直尺，先估一估这个长方形的宽大约是多少厘米，长大约是多少厘米，同桌说一说你是怎么估的。

量一量。

谈话：小朋友们的估计能力到底怎么样呢？下面我们用尺子准确地量一量。

学生独立量一量，请一人到前面量给大家看，并说一说量的过程：我们在量长度的时候，要把物体的一端和刻度0对齐，再看另一端指着几，它的长度就是几厘米。

辨一辨。

谈话：为了考验小朋友的测量本领学得怎么样，老师带了几幅照片来考考大家，辨一辨哪种测量方法对，并说明为什么。

比一比。

下面两条线段哪条长？长多少厘米？

在作业纸上量量看。你是怎么比的？（学生可能有两种方法，一是量出两根线段的长度，再减，二是直接量多出部分线段的长度）

画一画。

画一条4厘米长的线段。学生先独立画，再全班交流，明确方法。提醒学生及时标出线段的端点、长度。

用自己喜欢的方式画一条8厘米的线段。

师：老师也带来了两条线段，你们来量量看这条是8厘米吗？另一条呢？（一条8厘米多一些，一条8厘米少一些，都可以说成大约8厘米）

追问：为什么不说成大约7厘米或大约9厘米？（最接近8厘米）

这个教学片段通过变化的学习材料，创设了丰富多样的问题情境，把估计、测量等活动整合在一起，对学生形成清晰准确的长度单位的表象、发展空间思考能力都是有益的。

> **思考**
>
> 大约8厘米，最短是多长？最长是多长？（得数保留一位小数）

感知的协同律，是指多种感官协同活动，可以提高感知效果。这是因为感知对象以复合刺激物居多，且有多种属性，需要通过多种感官进行感知。多种感官发挥作用，可以在大脑内形成多通道联系，既有助于感知的

全面与精确，也有助于知觉印象的保持。（曹培英，2004）[124]

【片段：你画准1厘米了吗？】

看一看。

师：请大家拿出尺子，找到刻度0，从刻度0到刻度1，这中间的长度就是1厘米。（板书：1厘米　1cm）

找一找。

师：你还能在尺上找到其他的1厘米吗？（学生自由回答，要求说清从刻度几到刻度几之间的长度也是1厘米）

师：从这里，你发现了什么？

生：它们每一大格都是1厘米长。（相邻两个数之间的长度是1厘米）

师：对，尺子上每一大格的长度都是1厘米。其实，每一小格的长度也可以用一种更小的长度单位来表示，咱们以后再认识。

比一比。

师：请大家用小手来比画1厘米的长度。

师：请大家跟着老师做，拿出文具盒中的小棒，放在左手的拇指和食指间，闭上眼睛感受一下1厘米的长度。再用右手比画出1厘米的长度，把小棒放在中间，验证一下你比画的1厘米准确吗？

师：我们再来找找看，身边、身上有没有长度大约是1厘米的东西呢？

同桌交流后汇报。（手指的宽、牙齿的宽、橡皮的厚度、扣子的直径等）

看一看、找一找、比一比，通过丰富多样的活动，调用各种感官帮助学生建立1厘米长的表象，这些活动的设计，从简单到复杂，从模仿到表现，从表现到创造，层层递进，对空间表象的要求也逐步提升。

> **思考**
>
> 鲁迅先生说读书要"三到"：眼到、口到、心到。你能用协同律来解释读书为什么要强调"三到"吗？

感知的变式律，是指提供感性材料时，要不断变换呈现形式，使对象的本质属性不变，而非本质属性出现变化，从而通过感知辨别排除非本质属性的干扰，形成正确、概括的表象。（曹培英，2004）[126]

【片段：刻度1到刻度5也是4厘米吗？】

师：刚刚小朋友们认识了1厘米，再看这条线段，还是1厘米吗？请你估计一下大概是几个1厘米？如果要量得准确一点，我们可以用刚才的什么来量啊？（用小棒量）

师：一个小朋友只有1根小棒，也就是只有1个1厘米，要量这条线段够吗？那我们就要发挥集体的力量，现在就请小朋友四人一组，把你们的小棒放在一起量一量。

师：量好了吗？大概是几根1厘米的小棒的长，是几厘米啊？

师：那小朋友，4厘米长的线段，这样一根一根地搭，要搭几次啊？那10厘米长的线段呢？100厘米长的线段呢？这样搭下去，你们觉得怎么样？（太麻烦）

师：老师也觉得太麻烦了。那我们能不能想个办法？

师：你们都说用尺，那你们的意思也就是说尺上也有1厘米吗？尺上从哪儿到哪儿是1厘米呢？

师：这个0和1是尺上的什么啊？尺上还有哪些数字呢？这些数字上面还有些（线），这些线就叫刻度线。一般长刻度线下面都对着数字。

师：所以，我们再找1厘米的时候，只要找相邻的两条长刻度线。

师：除了从刻度0到刻度1是1厘米，还有吗？

师：老师也找到了一个1厘米，你们看看我找得对不对。

师：通过刚才找1厘米，我们发现尺上相邻两条长刻度线，也就是1大格的长度就是1厘米。

我们的尺上有许许多多的1厘米，其实尺就是由这样1厘米长的小棒连起来的，所以我们就可以用尺测量长度。

师：我们现在就用尺量一量刚才的那条线段是不是4厘米。

师：是几厘米？你是怎么量的？

师：从哪里开始量的？到哪里？是几厘米？你怎么知道是4厘米的？我们一起来数一数。

师：还有其他量法吗？刻度1到刻度5也是4厘米吗？你是怎么想的？

教学中通过具体的测量活动，展开把1厘米累加得到一个更大长度的过程，启示人类发明尺子的智慧。对于1厘米的理解，教师呈现并让学生思考多样化的例子，这些不同例子其实就是变式，最后概括出两个大格之间的长度是 1 厘米的结论。

> **思考**
>
> 著名的数学教育家陈重穆指出:"淡化形式,注重本质。"联系感知的变式律,说一说你对这句话的理解。

如何运用有意义的接受学习?

有意义学习有三个必要条件:一是学习者必须对学习任务采取一种有意义学习心向。如果学习者倾向于记忆,就不会导致有意义学习,而不管学习是发现的还是接受的。二是要学习的材料必须是潜在有意义的。这意味着学习任务和学习材料应该是有组织的、可阅读的和相关的,这样,学习者才不会因为搞不懂学习任务的意义而导致学习失败。三是有意义学习的条件是学习者已经知道了什么,以及这些已知如何与要他们学习的内容发生关联。当学习者遇到对他们来讲毫无意义的教学时,回想起原有的知识就变成了一项不可能的任务,因为没有办法断定什么知识是相关的。

在长度测量中,经常要用到尺子。测量时,把尺子的 0 刻度与物体一端对齐是基本的测量方法。教学这个方法,教师往往是直接把要求告诉学生,或者是让学生先去尝试,出现错误之后再来纠正,纠正也是不讲道理,只是要求学生照这样去做。

> **思考**
>
> 你如何评价这样的教学?如果需要讲道理,这个理应当怎样讲或者怎样让学生去悟呢?

为什么要把 0 刻度与物体的一端对齐呢?对齐有什么好处?如果不对齐行不行?对这些问题的讨论与思考,就是从"是什么"走向"为什么"的阶梯。如果教学中学生对这些问题有思考与尝试,那么这个教学过程就有可能把学生从工具性理解提升为关系性理解。

对于为什么要把 0 刻度与物体的一端对齐,需要两个方面的理解:一是把 0 作为真实的起点,二是数数与读出长度是有区别的。学生已掌握的数数,一般都是从 1 开始的,数到几就是几个,这是数的基数意义。长度本质上是数与数之间的间隔数，几个间隔数就是几厘米。这样，从1开始数到5，间隔数就是4个（5-1），结果是4厘米，而如果从0开始数到5，间隔数就是5个（5-0），结果就是5厘米。这样比较，很容易看出0刻度对齐的优点，即"另一端对着几就是几厘米长"。尺子上0刻度与尺子一端还有点距离，学生即使理解了上面的道理，也可能会忽视这段距离。教学时，需要引导学生观察尺子的结构，找到0刻度线再测量。

> **思考**
>
> 对一年级学生教学植树问题中棵数与间隔数之间的关系是困难的，你还有其他方法帮助学生理解吗？

对一年级的学生来说，更为现实与有效的方法，不是计算，而是数数，1厘米1厘米地数过来，从多次的测量中体会到，另一端对着几就是几厘米的结论是有前提条件的，即0刻度与物体的一端对齐。这个结论是在数的活动中感悟出来的。教学中还可以设计相反的例子，即如果不是从0开始，而是从1开始，看有几个间隔（几个1厘米），进一步引导学生体会要把0刻度与物体一端对齐的道理。

> **思考**
>
> 为了让学生增进理解，教学也是要付出代价的，这种代价是什么呢？

有效的教学应当是强调理解的，不过对于应当理解到什么程度，以及理解与学习的先后问题，人们的观点并不统一。不可否认，从工具性理解提升到关系性理解是重要的，而且是要付出相应的成本的，比如学生需要更多的活动来体验，课堂上要花费更多的时间等。并不是所有的教学都能达到关系理解的水平，也并不是所有教学都应当先理解再练习。一种观点认为，许多数学知识的学习，可以先接受下来，再在练习巩固中慢慢理解，或者说通过练习慢慢获得进一步的理解。没有绝对正确的理论，这绝对是正确的理论。

4.3 长度测量教学片段赏析

教学设计既是一门科学，也是一门艺术。尽管教学设计过程通常被描述为线性的，但是在实践中它是反复的。与教学设计相关的因素很复杂，不仅如此，在每一个教学设计的背后，都隐含着许多假设。对不同的教学设计进行比较与分析，不仅是获得新信息的途径，而且能让假设变得清晰明确，进而使教学设计过程变得更有意义。

> 思考
>
> 教学的假设应当以教材为基础，还是以学生为基础？如果以教材为基础，它只是花；以学生为基础，它才有根。

许多教学材料质量不佳的原因之一就是它们没有经过悉心策划。教学设计提供了一个系统规划教学过程的机会，这一过程可以改善教学材料的质量。

> 思考
>
> 在你的经验中，教学设计应当考虑的几个最基本的问题是什么？

在最为基本的水平上，教学设计需要回答三个问题：一是我们要到哪里去，即教学的目标是什么；二是我们如何到达那里，即采用什么样的教学策略和教学媒体；三是我们怎样知道已经到达那里，即我们的测验应该是什么样的，如何评价和修改教学材料。

数学教学设计是对数学教学中学与教的双边活动进行设计。教学方法是师生相互联系的活动方式，活动方式和性质的多样性决定了教学方法的多样化。教无定法，贵在得法。恰当地选择教学方法是有效教学的关键。

> 思考
>
> 教学中选择某种方法主要取决于哪些因素？通常你在教学中是如何选择教学方法的？

⊔ **需要怎样的尺子?**

江苏省沈静老师教学"认识厘米"时,在问题情境中让学生理解尺子是由多个1厘米连续起来的,经历"再造"尺子的思考,在具体的测量活动中体会还需要更大的尺子。(沈静 等,2011)[62-63]

【片段1:用1厘米量】

师:如果我请你用1厘米小棒来量课桌面的长,你愿意吗?

生:不愿意。

师:为什么呀?

生:1厘米太短了,用它来量不方便。

师:那用什么来量好呢?

生:用尺来量。

在笔者看来,学生对于运用尺子度量长度是有经验基础的。1厘米是一个单位长度,或者说是刻画长度的一个单位,但直接把1厘米作为尺子去度量,从理论上来说是可行的,但在实践中却是不方便的。因此有必要把单位长度标记在一起,这样就有了尺子。

师:小朋友真会学习,充分发挥了自己的想象,正是那么多1厘米,才连接起来组成了这把尺,真了不起!谁来告诉我,从7到几的长度是1厘米?

生:从7到8的长度是1厘米。

师:那你有没有想过,从7到几的长度也是1厘米呢?

生:从7到6的长度也是1厘米。

师:太有创意了,他还会倒着想呢。请一个特别棒的同学把这两句话结合在一起:从7到几的长度是1厘米?

生:从7到8的长度是1厘米,从7到6的长度也是1厘米。

师:那从9到几的长度是1厘米呢?

生:从9到10的长度是1厘米,从9到8的长度也是1厘米。

师:说得真完整,思考又那么积极,真是个好的学习习惯。你有没有发现什么?

生:相邻两个数之间的长度都是1厘米。

笔者思考,相邻两个数之间的长度都是1厘米,这是一个重要的结论,这个结论是经由学生观察分析、比较与概括得到的，可以看作是一种"发现"，甚至是一种"创造"。教学中，许多陈述性的知识可以由教师直接告诉学生，也可以让学生经历"发现"的过程。相比较而言，这种发现虽然会多花一些时间，但给学生留下的印象深刻，并且可以使学生更加深刻地体会学习中的收获与成就。

【片段2：量长度】

师：数学知识不能光纸上谈兵，这回咱们就来比比看谁量得又快又准。请大家独立测量出作业纸上线段和小刀的长度。（线段长8厘米，小刀长大约7厘米，教师指名上来量）

生：线段从0量到了8，所以是8厘米。

师：测量时你有什么想提醒大家的吗？

生1：量的时候要对准0刻度线。

生2：要把尺放平了量。

师：谢谢你们的提醒，小朋友们倾听又是如此认真，真好！那小刀呢？

生：从0量到了7，还多了一点点。

师：该怎么表示呢？

生：大约7厘米。

师：怎么想的呀？

生：因为小刀比7厘米长一点，但更接近7。

师：就照小朋友说的，当测量结果不是整厘米时，可以看最接近几厘米，就说它是大约几厘米长。

师：10厘米的线段有多长，你会画出来吗？请大家独立在纸上画一画，再用手比画10厘米的长度。

……

师：你有没有想量的物体呢？

生1：我想量量铅笔的长。

生2：我想量我的文具盒有多长。

师：我们在量之前可以像刚才那样先估一估，再量一量，看谁估得最准。

生3：我想量黑板的长。

师：好的，也用这把尺（学生尺），行吗？

生：不行，这把尺太短了。

师：看来我们可能需要另外一种尺，也需要一个比厘米更大的长度单位，是吗？今天我们一起度过了非常愉快的一节课，你还有什么想说的吗？

生1：今天我认识了厘米。

生2：我学会了用尺量物体的长度。

生3：我知道了1厘米有多长。

……

师：小朋友们的收获可真多呀！我想这些知识、本领固然重要，但更重要的是小朋友们这种互相倾听、互相学习、善于思考、勇于探索的学习习惯，我们也要把它珍藏起来，因为它是我们一生的财富。

江苏省朱红伟老师的点评有利于我们理解这节课设计的背景。朱老师指出，这节课的特点有三个：一是在充分感知中建立表象，二是在循序渐进中完善知识，三是在自主探究中发展思维。概念的建立必须有序，但也不能简单地按部就班地传授给学生，同样需要学生自主探究，需要在建立概念时同步发展思维。在全课的多个环节中，教师都注重了为学生创设主动探索的空间，比如让学生自己去探索量法，通过观察、操作、思考、交流等学习活动，去主动获取知识，并让学生发现问题形成认知冲突。这些教学环节的设计体现出数学是活动的数学，学生始终是知识的探索者和发现者。（沈静 等，2011）[64]

笔者理解，概念教学中让学生经历知识的探索与发现过程，就是要让学生经历"像科学家一样思考问题的过程"。在这个教学片段中，沈老师把测量的操作活动设计成提出问题、发现问题与解决问题的活动，并在这个活动中把测量、估测、工具的选择等基础知识与测量的基本技能落到了实处。

1米究竟有多长？

米是生活中常用的长度单位，学生对这个单位既熟悉又陌生。说它熟悉是因为生活中经常用到，说它陌生是因为学生从来没有真正想过1米究竟是多长，也就是说，1米的概念表象在学生的脑子中可能是错误的，也可能是没有的。江苏的特级教师张冬梅（2007）教学米的认识时，是通过丰富多彩的活动帮助学生建立1米长的空间观念。

【片段：认识1米】

一、谈话引入

谈话：昨天老师让大家回去测量自己的身高，都量了吗？谁来说一说，你的身高是多少？（学生交流自己的身高）大家都不约而同地用了同一个字"米"。今天我们就来认识米（板书课题）。量比较长的物体，常用"米"作单位。

二、初步认识1米

1. 估计1米的实际长度。

谈话：老师的身高是1米72厘米，你能估计一下，从地面到老师身上的哪儿大约是1米高呢？（学生根据已有的经验进行估计）

谈话：大家都想估计，那我们来做个游戏好吗？请两个同学把这卷绸带慢慢地拉开，其他同学认真观察拉开的绸带，如果你觉得拉开的绸带的长够1米了，就立即喊"停"。（学生活动）

启发：（指着拉开的绸带）这段绸带的长正好是1米吗？怎样才能知道它到底有多长？（可以用尺量一量）

说明：对于"米"，学生在生活中已经有了一定的感性认识。从身高谈起，再让学生大胆地进行估计，唤醒了学生已有的生活经验，找准了知识的生长点，为下面的学习做好准备。

2. 认识1米。

出示米尺。

谈话：这是一把米尺，它的长度是1米。请同学们拿出自己的米尺，看一看1米有多长。

提问：看一看、数一数米尺上的刻度，你能发现什么？

根据学生的回答，板书：1米＝100厘米。

3. 用米尺量。

谈话：怎样用米尺量出刚才绸带的长度是不是1米呢？谁来试一试？

指名量出一根1米的绸带，再让每个小组照样子量出1米长的绸带。

提问：张老师想知道到底身上的哪儿离地面是1米高，谁来帮老师量一量？（学生测量后，在1米的位置贴上标签）

谈话：同学们想不想知道自己身上的哪儿离地面是1米呢？同桌合作，互相量一量。

讨论：标签离地面都是1米，为什么贴的位置各不一样呢？

说明：学生的年龄小，合作学习的经验不足，适时进行合作的指导和示范，可以使合作更有秩序，更富实效。同时，又兼顾并重视了合作过程中必不可少的个体体验与思考。

谈话：现在同学们知道1米有多长了吗？请大家张开双臂，估计一下，自己的一庹比1米长一些，还是短一些？

小组活动后，组织交流。

提问：你能用两手比画出1米大约有多长吗？

学生用手比画1米的实际长度。

谈话：请每个小组在教室里任意选一样东西，量一量，看从哪儿到哪儿的长正好是1米。

小组活动后，交流汇报。

说明：让学生先用自己的一庹和1米比一比，再伸出两手比画1米有多长，学生的比画有了参照，就会比画得更准确。这些活动使学生充分感悟了1米的实际长度，初步建立了1米的长度表象。

三、深化对1米的认识

提问：你能估计出1米长的队伍大约能有几人吗？（学生可能想到：竖着排，大约有5人；横着排，大约有3人）

提问：想一想，同样是1米长的队伍，为什么有的大约有5人，有的大约有3人呢？

要求：估计一下，用我们平时的步子走1米长的路，大约要走几步？（请几个同学上来走一走）

提问：同样走1米，为什么走的步数不一样？

谈话：同学们想知道自己走1米大约要几步吗？小组合作，在地面上量出1米的距离，每个同学都来走一走。

小组活动后，组织交流。

谈话：请同学们闭上眼睛想一想，1米有多长。睁开眼睛，伸出双手，比画一下1米的长度。

提问：知道1米有多长了吧？如果不用米尺量，你能剪出一根1米长的绸带吗？

学生活动后，用尺量一量剪出的绸带是不是1米长。

说明：通过排1米长的队伍需要几人、走1米长的路需要几步这些学生感兴趣的活动，引导学生逐步加深对1米的认识。在充分活动的基础上，让学生静静地思考，通过闭眼想和再次比画，力求在头脑中建立清晰的1米的表象。进而，再次让学生根据表象剪出1米长的绸带，并借助测量加以调整，学生头脑中1米的表象将逐步精确。

谈话：请小朋友在教室里找一找，哪些物体的长度大约是1米？

学生活动后，组织交流。

活动：先分别估计黑板的长和宽、教室门的宽和高，再小组合作，量一量，填一填。

谈话：老师站在这里，谁能上来找到一个位置，使你和老师之间的距离正好是1米？能再找到一个离老师1米的位置吗？还能再找到这样的位置吗？

学生纷纷站在老师身边，最后围成一个半径是1米的圆形。

四、课堂总结

提问：今天我们学习了什么？你有哪些收获？

笔者认为，这节课的精彩集中在学习活动的设计上，每一个学习活动的设计都是围绕着认识1米这个核心目标来进行的，在层级递进的活动中，学生有了反复体验1米究竟有多长的机会，进而逐步把看到的1米内化为可以想象的1米，最终达到准确地运用1米的表象进行估测。特别值得一提的是，让学生站在离老师1米处，学生围出了一个圆，以十分巧妙的方式渗透了圆的要义，定点到定长的点的集合。这种巧妙的设计一定不是偶然想到的，而是对数学深入理解，对教学深入研究之后的必然。

1千米有多远？

北京的特级教师钱守旺（2007）认为，对于千米的感受，应将实际感受与发挥学生的想象力结合起来。教学"千米"时，一定让学生们实地走一走，知道从哪里走到哪里（或往返几次）正好走了1千米，使他们初步形成千米的长度观念。学生形成了较清晰的长度单位的观念，对长度单位之间的进率就容易掌握。下面就是钱老师关于千米的认识的教学设计。

【片段：认识千米】

1. 教师出示例3的情境图（有条件的学校也可以播放提前录制好的视

频录像，录像中出现路牌标志），提出下面的问题：类似图中的情境你见过吗？从图中你知道了什么？

学情预设：看到上面的情境图，学生一下子会调出已有的知识经验，他们会想到周围的路标。

学生根据自己的生活经验解释路标上的"21千米"和"23千米"是什么意思。教师指出：在计量比较长的路程的时候，通常用千米作单位，千米也叫作公里。千米是比米大的长度单位。

2. 出示老师收集到的学校附近的路标，让学生理解、体会从某路口到当地某个标志性建筑的路程是多少千米的含义。

3. 建立1千米的长度概念。

（1）师：那么1千米的路程有多远呢？它与我们以前学过的长度单位"米"有什么关系呢？

同学们都喜欢上体育课，（教师出示学校操场的图片）学校操场的跑道一圈是400米（注：每个学校的跑道可能不相同，这里仅以400米为例说明大体教学思路，实际教学时，尽可能用学生身边的数据），算一算，跑几圈就是1000米？

教师指出：1000米就可以用较大的长度单位来表示，就是千米。

板书：1千米（公里）＝1000米

教师：同学们上学，有步行的，有骑自行车的，有坐公交车的，还有父母开车接送的。人步行每小时可以走5千米，骑自行车每小时可行15千米，坐公交车每小时可以行40千米。你们能估计一下从自己家到学校有多少千米吗？

（2）实际感受1千米。

到操场上量出100米的距离，让学生仔细观察一下，并让学生按一般的步行速度实际走一走，所需时间大约是1分十几秒。（注：这个教学环节也可以放到课前进行）然后告诉学生10个这样的长度就是1千米，一般步行12分左右的距离大约是1千米，并让学生想象一下10个100米有多远。

4. 完成教科书第8页上的"做一做"。

到校门口，以小组为单位，互相说一说（估）从学校门口到什么地方大约是1千米。在确保学生安全的前提下，可以组织学生到校外走1千米，感受1千米的距离。（注：如果条件不允许，此题可以作为课外作业）

5. 教师出示教科书第 22 页的例 5。

3 千米 = （　　　）米　　5000 米 = （　　　）千米

教师放手先让学生独立填写，然后让学生在组内互相说说是怎样想的。

通过学生回答，使学生明白：1 千米是 1000 米，3 千米是 3 个 1000 米，就是 3000 米；1000 米是 1 千米，5000 米是 5 个 1000 米，即 5 个 1 千米，是 5 千米。

钱老师指出，本课教学突出的特点是，通过课前、课中、课后三段教学的融合，让学生在体验中发现，在发现中建构，在建构中实践，在实践中内化和提升。其次，在选择教学素材时，紧紧抓住了学生的生活经验和实践感受，围绕着教学重点"千米的认识"，组织学生积极主动地探索、研究和发现，让学生在一个又一个有趣的情境中感受"千米"、建构"千米"、应用"千米"。

怎么做尺子？

人类在正式发明尺子之前，曾尝试过许多不同的"尺"，现在用来测量长度的尺子，是经过长期调整改进了的。恐怕现在用这些尺子测量物体长度太习以为常了，很难体会到人类发明尺子是重要的智慧之举。江苏的强震球老师教学"认识厘米"时，"还原"了发明尺子的过程，让学生在"做尺子"的过程中体会其中的智慧。（袁玉霞，2012）

【片段 1：量线段】

1. 用"拃"量短线段

师：黑板上画了两条线段（竖着一条红色的两拃约 40 厘米，横着一条蓝色的两拃多约 43 厘米），能一眼看出哪条长、哪条短吗？

生 1：我看出红色的线段长。

生 2：我看蓝色的线段长。

生 3：两条线段一样长。

师：要是老师没有说错，同学们就是凭眼睛一看，猜的。（生笑）有什么办法知道？

生：把两条线段重叠在一起。

师：办法挺好的，只是两条线段怎么从黑板上搬下来呢？（生笑）

生：用绳子去量。

师：也是可以的。

生：用尺子量一量不就行了。

师：小机灵。是啊，对我们来说多简单的一件事，可是古人没有发明尺之前，是怎么比的呢？（生疑惑）想知道吗？

生：想！

师：睁大眼睛看好，可神奇啦。

师：（演示）张开一手的五指，通常大拇指和中指两端的距离叫作拃。（板书：拃）这是一拃，两拃，红色线段两拃长。蓝色的呢？老师量，你们帮着一起数好吗？

生：一拃，两拃，两拃多一点。

师：谁长？

生：蓝色的线段长。

师：古人用这种办法来量线段的长度，聪不聪明？

生：聪明！

2. 用"庹"量长绳

师：你能用聪明的法子来量一量自己的课桌有多长吗？（生测量、师巡视）怎么样，用拃真的可以量吧。现在请看大屏幕，要是摆在你面前的是这样一条很长的绳子（屏幕出示），你还乐意一拃一拃来量吗？

生：不乐意。

师：为什么不乐意呀？

生：太麻烦啦。

师：是啊，麻烦。古人想出了这样的办法，两臂左右伸直两手之间的距离是一"庹"，这样一庹一庹地量就能把绳子的长度量出来。这个办法也挺妙吧？

生：妙！

3. 用"步"量路长

师：其实，古人还想出不少测量物体长度的方法呢，请看大屏幕（媒体出示人用"步"量路长的情境）。要知道这条路有多长，怎么量呢？难道还要一拃一拃、一庹一庹地量吗？

生：不要。

师：我们可以用步长（一步的长度）来量，有过这样的体验吗？

生：有。

4. 用"小棒"量较短的线段

师：现在要量比较短的物体的长度怎么办呢？古人想到用小棒来量。比如要量这段绳子（屏幕出示）的长度，他们用同样长的小棒，一根一根地搭上去，看，这段绳子有几根小棒长？

生：3根。

从凭眼睛看到用身上的尺子量，再到用小棒量，既是一个问题解决的过程，也是让学生体会人类使用尺子的发展过程。

【片段2：做尺子】

1. 设疑

师：看着大屏幕我们再来数一次。

生：1个1厘米，2个1厘米……

师：4厘米长的线段用小棒量，一根一根地搭，我们要搭几根？（4根）量10厘米长的线段呢？100厘米呢？你愿意一根一根地搭吗？

生：不愿意。

2. 生成厘米尺

师：是啊，真的好麻烦。同学们，咱们能不能想个办法，让这些小棒用起来方便些？

生：把1厘米的小棒一根一根连起来再量。

师：这个办法妙不妙？（妙）老师要为你喝彩啊！

3. 认识厘米尺

师：好，就听同学们的，把1厘米长的小棒一根一根地连起来，画下来，标上一些数字，有点像什么了？

生：一把尺。

师：再画上一些长短的线，就成了咱们现在用的尺了。

师：仔细观察，你能从尺上找到1厘米吗？（学生交流，教师相机介绍刻度和刻度线，板书"刻度0，刻度1"）

师：刻度0到刻度1之间的长度就是1厘米。还能在尺上找到1厘米吗？（生继续找）

师：噢，刻度1到刻度2是1厘米，刻度2到刻度3是1厘米……小朋友说说能发现什么？

生：紧紧挨着的两个数字之间（的长度）都是1厘米。

师：观察得真仔细，说得也棒，掌声送给你！

让学生经历做尺子的思考过程，体会一把尺子实际上是由许多1厘米的小棒"搭"起来的，这对于学生认识单位长度以及体会用尺子测量长度的优越性都是有益的。

【片段3：用尺量线段长】

1. 自主尝试量线段

师：正如同学们所发现的，尺就是由许多的1厘米组成的，所以我们可以用尺来测量物体的长度。小朋友，你们会用尺来量线段的长吗？

生：会。

师：真会？好，拿出练习纸。我们一起来量一量练习纸上的第一条线段到底有多长？（生活动）谁来大声告诉同学们你量的这条线段长几厘米？

生：4厘米。

师：大家量出来的都是4厘米吗？（是）哪个小朋友上来量给大家看看。（一生示范）

师：他这样量对吗？（对）搬到电脑里来，你是怎么看出这条线段长4厘米的？

生：数了有4个格子，也就是有4个1厘米，所以是4厘米。

师：一起来数数看……确实是4厘米。数一数我们能知道，从刻度0到刻度4是4厘米。那从刻度0到刻度7呢？从刻度0到刻度10呢？俗话说，一切从0开始，从刻度0到刻度几就是几厘米。

2. 在不同的量法中找比较简便的那种

师：还有同学有不同的量法吗？（生演示其他量法，不是从刻度0量起的）

师：他这样量行吗？

生：行，因为7-3得4，5-1也得4。

师：同学们说这些量法都是正确的，你觉得哪种更简单些？

生：从零开始的更简单些，因为不用计算。

师：是的，从零开始的量法更简捷些，因为它只要直接在尺上读数就行了。现在我们再来练几题。练习纸的第2题有两条线段，我们就用这种简单的方法来量一量，比一比谁量得又对又快。（反馈交流）

为什么从零开始的量法更便捷呢？尺子上的刻度是一个标识，长度的本质是刻度之间的距离。物体的长度实际上是物体包含了几个间隔（单位长度），从 0 开始的，右端的刻度是几就是几个间隔。

3. 估一估

师：看来小朋友们真没吹牛，都会量了，你说老师会不会量？（会）老师也量了几条，看大屏幕，你能告诉大家老师量的线段有多长吗？

生：8 厘米长。

师：不多不少，正好 8 厘米？

生 1：不是。

生 2：8.3 厘米。

师：你用了一个新的数来表达，有本事！老师明白你的心，不是正好 8 厘米，比 8 厘米多了一点点，对吗？

生 2：是。

生 3：我说大约 8 厘米。

师：是啊，8 厘米多一点点就可以说成大约 8 厘米。再来一条？

生：大约 9 厘米。

师：有不同意见吗？（没有）我也同意，不过老师有个疑问，都在 8 厘米和 9 厘米之间，为什么一条说成大约 8 厘米，而另一条却是大约 9 厘米呢？

生：第一条离 8 厘米不远，也就是接近 8 厘米，第二条离 9 厘米不远，接近 9 厘米。

师：（再出示几条不是整厘米长的线段）：用这样的方法看看下面的线段各是多长？（生交流）

师：（指着其中一条）不管是不到 4 厘米一点，还是超过 4 厘米一点，只要接近 4 厘米，都说大约长 4 厘米。

师：小朋友们学得真好，不过刚才的线段都是用尺量了以后才知道长度的，要是再有更大的本事就不得了啦，你能不用尺子量，单凭眼力估计一下练习纸上第三题两条线段的长度吗？

学生估测后，教师让学生再用尺量一量，验证自己的眼力，也就是进一步巩固 1 厘米到几厘米（10 以内）长的空间观念。

估测物体的长度不仅有利于发展学生的空间观念，对于学生建立单位长度的概念也是有益的。当一个物体的长度不是整厘米时，如何正确地读出物体的长度，对于初学测量的学生来说也是一个挑战。

江西的袁玉霞（2012）指出，强震球老师执教的《认识厘米》这节课，核心就是"全员参与、全程参与和全力参与"。一是激发全员参与的兴趣和好奇，二是构建全程参与的路径和台阶，三是创设全力参与的磁场和氛围。课堂上，学生是通过与教师、同伴的共同活动，通过充分运用自己的各种器官，在动脑、动手、动口的活动中，在观察、操作、模仿、体验中学习和掌握知识并形成基本的数学思想方法的。

为什么强老师舍得花时间让学生经历用身上的尺子去测量物体长度的过程？强老师让学生经历用身上不同尺子测量长度的活动，就是翻开了一幅历史的画卷，让学生深刻地体会到人类选择使用测量工具经历了漫长的过程，从中体会不同文明的交相辉映，数学教学的文化内涵在不知不觉中得到渗透。进一步说，学生只有经历了这个过程，才能更好地体会统一度量单位是十分重要的，是人类文明与进步的成果。

5 学情调查与教学重构

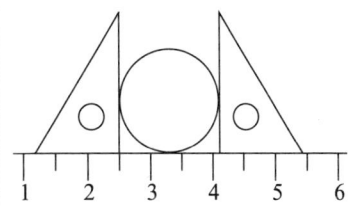

学习与评价之间的联系是非常密切和稳定的。当评价成为教学中不可缺少的一部分时，学生在课堂上学到的东西也是最多的。评价包括两个基本过程，一是测量，即收集有关学习信息的过程，二是分析，即在测量基础上的决策过程。评价本质上是对测量结果做出的价值判断。

　　教材设计的逻辑起点与学生认知基础是否一致？选择怎样的问题情境更有利于激发学生的学习兴趣？在度量的活动中学生操作的困难究竟在什么地方？对这些问题，通过学习之前的前测，可以获得很多真实的材料。这些材料可能与教师原有的经验并不一致，但对实施真正有效的教学可以起到很大作用。学生建立单位长度的空间观念到底难不难？建立单位长度的空间观念在多大程度上会影响对物体长度的估计？这些问题可以通过学习之后的后测进行了解。

5.1 长度测量学情调查

前测与后测都可用于改进教学,关键在于怎么利用这些评价中获得的信息。前测是在教学之前或之中进行的,目的是帮助教师了解学生先前的知识和技能水平,以便安排教学计划。从前测中采集到的信息并不用于学生的学习,而是用于制订教学计划、选择教学策略,为设计有效教学提供有价值的依据。

> **思考**
>
> 如果只是对一个班级的部分学生进行前测,那么应当如何选择前测的对象呢?选择怎样的样本有利于你更好地了解学生的实际情况?

要对特定的学生进行个性化教学,或对特定班级因材施教,就要了解有关学生能力和先前知识的可靠信息。教师如果无法得到正式的诊断信息,就不得不依赖更多的非正式的技术来评定学生的先前知识。如布置作业之后密切观察学生,了解这项任务对他们来讲是困难还是容易。同样,通过聆听学生的发言,提出试探性的问题,教师可获得其他线索了解学生的先前知识。

> **思考**
>
> 对学生进行前测的方式可以多种多样,通常你会采用哪些方式呢?你觉得这些方式奏效吗?

在这里,主要采用的方法是在学生学习之前进行测试和访谈。下面介绍设计认识厘米的教学前测思考的几个问题,并对测试结果进行分析与评论。

⛰ 能说出身高就是理解长度了吗?

长度测量在日常生活中有着极其广泛的应用,很多学生在正式学习长度测量之前,都有使用长度单位或用尺子测量的经历。不过这些认识或理解可能都是琐碎的,甚至是肤浅的。举例说,几乎每位学生都知道自己的身高，但是他们对自己身高的描述常常是不规范的，或者说是不完整的。

> **思 考**
>
> 想一想，学生可能会有哪些不规范的表达？这些错误可能是由什么原因造成的？这些原因可以归为哪几类？

通常的说法：王明身高1米32。对日常的表达来说，这样的结果是可以理解的，但作为数学的表达来说，还需要更加准确，如1米32厘米或132厘米。

> **思 考**
>
> 1米32厘米与132厘米这两种表达，对一年级的学生来说，理解的困难一样吗？

1米32厘米是一个复合的数量，包含了两个长度单位，一个是米，一个是厘米。对这个数量的理解，应当包括如下几个方面：一是1米到底有多长；二是1厘米到底有多长，32厘米有多长；三是1米32厘米就是1米与32厘米相加的结果。在个别访谈中我们发现，绝大多数学生对1米32厘米的理解，都只是停留在一个数据的结果上，至于到底表示什么意思，并不能给出正确的解释。

132厘米虽然是单一的数量，但由于132这个数对一年级的学生来说是一个"大数"，这个阶段学生对数的理解多数只是局限于有顺序地数数，对这个数的意义理解存在着缺陷。此外，由于对1厘米究竟有多长并没有清晰的认识，因此对132厘米这个数量的感知也是模糊的。

调查中发现，学生基本都能说出自己的身高，但不足以说明学生已经有了学习长度单位的重要基础。对多数的学生来说，身高只是一个记号，他们并不真正理解其中的真实含义。因此，或许只能说，这个来自于生活经验中的身高，只是为学生学习长度提供了一个熟悉的例子，并不表明学生已经完全具备了学习长度测量的基础。从这样的角度来说，把学生是否能准确地表达自己的身高作为前测题，据此判断学生是否具备学习厘米的认知基础，或许本身就是不合逻辑的。

如何设计"认识厘米"的前测?

由于学生在生活经验中所描述的自己的身高,并不表明对长度单位有了正确的理解,因此,在问题调查中,我们把学前基础的调查重点放在了单位长度的认识与理解上,这是长度单位教学的重点与难点所在,也是教师需要了解的重要基础。

调查设计了如下 4 个问题:①你的身高是多少?②你知道哪些长度单位?③你有什么方法可以知道数学书有多长?④如下图,估计中间可以放进几个?

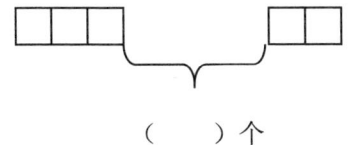

( ) 个

> **思考**
>
> 以上四个问题作为前测有什么目的?它们分别指向教学目标的哪个部分?

以上四个问题,各有侧重,设计意图如下:

第一个问题是生活经验的唤醒。学生在回答这个问题的过程中,可以体会到长度单位在日常生活中有着重要的应用。多数学生对自己的身高都有了解,这也是他们学习长度单位最为现实的例子之一。

第二个问题是长度单位的认知。有些学生知识面很广,知道的单位很多,但不同生活背景的学生差异很大。有的学生知道千米这样的长度单位,甚至还知道光年是很大的长度单位,有的学生对此却一无所知。

第三个问题是度量方法的调查。学生基本都有使用尺子的经验,主要用尺子做两件事情,一是用尺子来画直线,二是用尺子来度量物体的长度。

第四个问题是单位长度与空间知觉能力的考察。正方形的排列提示了单位长度的概念,关键看学生能否把空间部分划分成若干个单位来思考。

如何解释前测的结果?

2007 年 6 月,由杭州市某学校数学组教师从全年级 200 多名学生中,随机抽取 60 名学生进行了测试与访谈。随机选择的方法是从全年级每个班中抽取相同的 10 个学号。访谈以一个教师对一个学生的形式进行。访谈时,由教师依次提出上述 4 个问题,前 3 题根据学生的回答作记录,第 4 题提问后观察学生的反应,并追问解决问题的方法。

> **思考**
>
> 从每个班级抽取相同学号的学生有什么好处?除此之外,你还有其他选取样本的好方法吗?

访谈结果综述如下:

①尽管绝大多数学生都有测量身高的经历,但是,在 60 名被试中,只有 2 人能够正确表达自己的身高。其中一人的表达是"119 厘米",另一人的表达是"1.24 米"。其余学生都只能说出自己身高的"数字",后面都不带单位。分析原因可能有两个:一是这些学生在学校测量身高时,测量的老师只是报出数字而没有带上具体的单位,使得学生对自己的身高只是记住了一个数,而不是一个数量;二是在学生已有的知识基础中,还没有形成用数与量相结合的方式来表达一个结果的经验。之前学生学习数学接触到很多数,主要是对这些数进行运算,并不涉及对数量的理解。即使有些学生在买东西时用了"8 元 5 角"这样的表达,也没有意识到这是数与量相结合的表达。

> **小贴士**
>
> 从数表示大小到数量表示多少,好像是十分自然的,但对小学生来说,是个不小的跨越。

长度是数与量的结合体,仅有数是不能准确刻画物体长度的,学生之前没有这样的观念。之前学生在认数时所接触到的计数,多数时候数后面的那个量是可以被忽视的,如班上有 36 名学生,这个数据的焦点在 36 上,而不在单位"名"上。因此学生缺乏带上单位的意识,这与学生的认知基础和学习经验有关。

②至少能够说出一个长度单位的是 20 人,占 33.3%。写出的长度单位较多的有米、分米、厘米、毫米,甚至有 4 名学生能用国际符号"m、cm、 mm"表示，但是这些学生都不了解单位的具体含义，不能正确指认 1 米有多长、1 厘米有多长。这说明虽然有些学生对长度单位有了解，但只是"听"、"说"而已，并不理解单位长度与长度数量的意义。

需要指出的是，理解长度单位的核心并不在单位名称上，从某种意义上说，不同的语言中单位的名称是不同的，如现在说的厘米，过去叫公分。其实名称并不是最重要的，对学生的学习也是如此。这里所指的了解其意义，主要是理解单位的实际长度，建立单位长度的空间观念，了解这些单位之间的大小顺序甚至是关系。

> **小贴士**
>
> 和其他的许多数学概念一样，重要的不是记住名称，而是理解其意义。这也就是说，数学概念的教学应当与语文中的词语教学区分开来。

③第三个问题主要考查学生运用度量方法解决实际问题的能力。20 名学生没有回答该题，也就是不了解量长度的方法。31 名学生说出"用尺子量"，其中有 9 名学生除了"用尺子量"之外，还能借用临时单位来度量，如用橡皮、铅笔、蜡笔、手臂、手指等量。这说明，有 50% 左右的学生有用尺子进行度量的经验。在有度量经验的学生当中，首选的度量工具是尺子，而不是其他临时工具。这说明，经验中学生认识到尺子是度量的重要工具，甚至是最好的工具。

即使学生知道可以用尺子量书本的长度，但具体到操作的过程中，学生度量的方法也是五花八门的：有些学生一手拿尺子，一手不断地翻转课本，不知如何下手；有的学生测量时没有把 0 刻度对齐；也有的学生测量时并没有注意到尺子摆放应当与书本平行，等等。

后两个问题存在着相关，并且调查的结果显示了一致性，即学生对长度单位的理解与认知比较单一。他们日常所接触到的关于长度的表达，大都是用标准单位的，这可能导致在学生原生态的认知空间里，把其他临时单位排除在外。

但事实上，从人类发展的历史看，标准单位的产生经历了漫长的过程，是长期"进化"的结果。如果教学也是从这些标准单位开始，跨越了统一度量单位的思考，那么与人类实际的认知其实是不一致的。因此，新教材中增加让学生体会统一度量单位必要性的内容是很有意义的。此外，就解决实际问题来说，也需要认识多样化的单位，包括一些临时单位也是重要的。

> **小贴士**
> 了解一个数学知识的历史发展，有利于更好地理解其意义与价值。

④中间可以再摆4个。有11名学生估计得比较准确，大约占18.3%，这个比例比预先估计的要低。我们假设理想的解决思路是，应用空间知觉在空白处划分出一个个单位。学生解答这个问题通过率比较低，可能由两个方面的原因所致：一是学生缺乏单位长度的概念，二是缺乏通过划分解决这个问题的策略。当然，这两方面的原因存在着一定的相关，也提示了我们教学中应当重视帮助学生建立单位长度的观念。事实上，这也是估测物体长度最重要的策略。

事后我们反思，如果把这个问题设计成实物操作，通过率可能会更高一些。学生解决这样的问题缺乏相应的思维经验，让学生应用空间知觉对空白部分进行细分是个困难的过程，因为在这个过程中需要把细分的空间不断与一个正方形（其实是一个长度单位）进行比较，同时还需要相当的空间记忆能力。看似一个简单的数学活动，联系到的数学能力还是很多的。

终结性评价是在一系列教学活动结束之后，试图采集、分析有关学生和课程的信息，它的目的是总结学生的学习结果，或总结教师教学目标的完成情况。

认识1厘米长对比研究结果如何？

认识长度单位厘米教学的核心目标就是建立1厘米长的空间观念，这既是教学的重点，也是学习的难点。在一次年级教研活动中，我们设计了建立1厘米长空间观念的对比教学，并在课堂上进行实践，教学之后对学生的掌握情况进行了后测。

在这次教研中，对比研究的问题主要有两个：一是如何帮助学生建立1厘米长的空间表象？二是如何形成估计物体长度的策略？对问题一，实验班充分展开建立表象的操作与体验过程，安排了专门的教学环节，在时间上也有充分的保证，并且采用了学生尝试与及时反馈校正相结合的方式；而对照班只是介绍尺子上1厘米的实际长度，并没有展开反复体验与校正的过程。对问题二，实验班在学生尝试的基础上交流估计物体长度的方法，充分展开方法多样与比较的过程，而对照班没有安排交流的环节，教师也没有对学生估计的方法加以提炼。

对比实验的两节课，由两位资历与水平相近的老师执教，教学的两个班级水平也比较接近。在两位老师分别以两种不同的设计上完课后，研究小组当即对学生掌握知识的情况进行了后测，测试题与结果分析如下表：

题 号	题 目	对照班 做错人数	百分比	实验班 做错人数	百分比
一	估计哪些线段长1厘米	21	72%	12	41%

分析：本题主要测查学生对1厘米空间观念的建立情况。比较实验班和对照班的结果可以发现，充分展开想象与校验活动，对帮助学生建立1厘米长的空间观念是十分有效的。这对教学的提示在于，尽管对初学的学生来说，建立单位长度的空间观念是一件困难的事情，但只要设计合理的教学活动，这样的目标是可以突破的。教学应当把力量倾注于最重要的目标上。

题 号	题 目	对照班 做错人数	百分比	实验班 做错人数	百分比
二 1	观察直尺，填写物体的长度	0	0%	2	7%
二 2		0	0%	2	7%

分析：本题主要测查学生用尺子测量物体长度的能力。对照班全对，而实验班有2人写错了单位。不过由于这个活动并没有要求经历测量活动的全过程，特别是把尺子的0刻度线与物体一端对齐等细节没有让学生去操作，而只是从尺子上读出物体的长度，因此，还不能说学生已经正确地掌握了用尺子度量物体长度的方法，而只能说学生对正确读数掌握得比较好。

续表

题 号	题 目	对照班 做错人数	百分比	实验班 做错人数	百分比
三 1	估一估	23	79%	9	31%
三 2	量一量	3	10%	0	0%

分析：本题主要测查学生对用尺测量物体长度和估计物体长度的能力。对于用尺子测量物体的长度，如上题所述，重点不是读出物体的长度，而是准确测量需要掌握的一些细节。从测量的结果看，两个班都掌握很好，特别是实验班通过率达到了100%。但是，估计物体长度的通过率，两个班的差异就很大，对照班明显弱于实验班。这表明，估计的策略对正确估计物体的长度有着十分重要的作用，策略性的知识深刻地影响着学生解决问题的能力，教学中应当重视帮助学生提炼解决问题的策略。

题 号	题 目	对照班 做错人数	百分比	实验班 做错人数	百分比
四	哪支铅笔最长？哪支最短？是几厘米？	6	21%	1	3%

分析：本题主要测查学生对不同物体的实际测量能力。对照班的错误率高于实验班。导致这种差异的可能原因是，在教学测量操作的过程中，实验班更加重视建立单位长度的空间观念，特别是从直尺上观察两个数之间距离都是1cm的活动，实验班的教学指导更加细致。导致差异的原因还可能与估计的策略有关，这些因素是如何相互作用的，这个实验并不能做出合理的解释。

通常认为，学生建立1厘米长的空间观念是困难的，教学中会在这个方面倾注比较多的力量，通过反复比较与校验的过程，帮助学生建立单位长度的空间观念。这个充分展开的过程，对学生建立单位长度的空间观念是十分有益的。

▣ 估测长度可能存在哪些困难？

估测物体的长度联系到的知识很多，包括单位长度的空间观念、数感，甚至包括生活经验等。学生估测物体长度时，由于缺乏度量与估计的经验，可能在以下几个方面存在困难：

一是估计物体的长度存在比较大的误差。在估计与测量的活动中，误差是客观存在的。估计的对象是否熟悉，参照物与被估计物体的位置关系（距离的远近）以及被计物体的摆放形式，都会影响到误差。经验中我们知道，一个物体横着摆放比竖着摆放估计长度要简单一些。不考虑这些影响因素，学生的空间知觉能力，特别是单位长度的空间观念，是通过教学可以改变的重要方面。这也就是说，在误差产生与扩大的影响因素中，单位长度的空间观念是教学可控的重要方面。误差客观存在，但对教学与评价来说，误差在怎样的范围内是允许的，也是一个十分现实的问题。

二是不能灵活地运用尺子度量物体的长度。测量对初学者来说，仍然是一个比较复杂的活动，原因在于一个准确的测量，需要照顾到很多细节。学生在度量物体时，常常会犯下这样的错误，如忘记 0 刻度与物体（线段）的一端对齐，即使是 0 刻度没有对齐的情况下，也会把末端所对的刻度直接作为物体的长度。但是，这种顾此失彼的现象，通过一段时间的训练可以得到改进。

认识厘米要特别注意哪些问题？

教学时，要特别重视 1 厘米、1 米等单位长度的空间观念的建立，要通过多种教学形式，使学生在脑子中形成关于这些长度的空间表象。可以设计出不同层次的活动促进学生空间观念的形成。如先在尺子上找出 1 厘米或 1 米的长度，再找出生活中接近于 1 厘米或 1 米的物体，然后让学生在纸上画出 1 厘米的线段，并通过测量校验等活动促进学生形成正确的表象。

要加强具体的操作活动训练，让学生用尺子去度量身边的物体，对特别熟悉的事物，可以要求学生记住其长度，并作为估计其他物品长度的参照物。如学生记住了数学书长 22 厘米，就不太可能闹出小明家的床长 2 厘米的笑话了。

这对认识厘米教学的启示是，认识厘米的教学不能孤立地进行，而是要注重与相关单位的联系。在适当阶段，应当让学生明确厘米与其他单位之间的关系。也就是说，认识厘米应当包含两个阶段，第一阶段是关于厘米这个长度单位本身的学习，第二阶段是厘米与相关单位之间联系的学习。不过需要注意的是，在小学数学中，先学习厘米，再学习米，初学阶段没有必要向学生介绍厘米的数学定义,相比较而言,建立1厘米长的表象比知道它的定义要重要得多。

认识厘米的基本知识要求是什么?

不同的教师对认识厘米的教学目标有不同的设计,但基础知识的目标还是比较一致的,即认识尺子,认识1厘米或几厘米。

对尺子的认识,包括两个方面:一是观察尺子上的元素,包括刻度与数值;二是理解尺子是一个"标准"。对尺子是标准的理解,含义是比较宽泛的,比如尺子上的刻度是均匀分布的,不同尺子1厘米的长度或几厘米的长度都是一样的。

教学之后评价学生是否真正认识了尺子,可以给出一张纸条,让学生在上面画出一把尺子。主要评价两个方面:一是学生是否建立了尺子是标准的观念,主要看所画的刻度是否均匀。二是学生是否建立了1厘米或几厘米的空间表象,主要看学生在尺子中标注的数值与实际是否相差很多。

认识厘米的基本技能要求是什么?

认识厘米的基本技能主要集中在用尺子度量物体的长度上。基本的要求是0刻度与物体的一端对齐,尺子与物体对齐(平行),正确地读取物体的长度。

评价时可以给出一些物品让学生来测量,当然对不同物体的度量对学生操作技能的要求是不一样的,要避免由于测量物体不规则给学生操作带来的困难。如测量一根棉线的长度需要先把棉线拉直,这个细节实际上考查的是学生对长度概念的理解,而不是基本的测量操作技能。

如何评价学生是否真正认识了1厘米?

建立1厘米长的表象(也称空间观念),主要看学生在离开1厘米的实物时,能否在脑子中想象出1厘米的具象。这需要通过外显的活动来评价。比较简单的就是让学生辨别1厘米长的线段(或实物),画出1厘米长的线段,稍复杂的就是估计物体的长度。当然,估计物体长度联系的知识与策略比较广泛,比如先在脑子中想1厘米有多长,再把估测的物体1厘米或几厘米地分割,这里运用了"化大为小"的策略。

研究表明，估测的物体是不是学生所熟悉的、它离学生的远近、放置方式、有没有估测策略的指导等，都会影响到估测的结果。此外，学生学习了1厘米以后，到底让学生估测几厘米之内的物体是合理的，对这个问题也没有定论。有学者指出5厘米或10厘米以内，也可能只是一个经验的判断，并没有调查与实证，并且就估计的要求来说，这两个数据的差异也很大。

5.2 长度测量教学重构

基于学习前的调查分析与相关教学案例的学习与研究，我们以浙教版教材为依据，对"认识厘米"的教学进行了重新设计，由杭州市上城区的陈洁娟老师执教。重构教学是我们学习的一种方式，经历这个过程让我们真切地体会到"纸上得来终觉浅，绝知此事要躬行"的道理。

教学设计

"认识厘米"是学生学习度量的起始，浙教版教材在学生认识厘米之前，让他们学习了长、短的概念，并学习把物体放在方格纸上用格子数刻画物体的长度。本课教学（教案发表于《小学教学（数学版）》2010年第9期）的主要知识点是：度量物体（或线段）的长度，建立统一的度量单位，认识1厘米并建立1厘米的空间观念，能估计物体的长度（5厘米以内）。本课教学的重点是建立1厘米长的空间观念，另外，如何让学生体会统一度量单位的必要性也是本课教学设计中困惑的问题。我们对这两个知识点的教学作了不同的设计，形成了不同的教学方案，并在实践中进行了尝试，获得了一些认识。

【方案一：通过测量活动，体会统一度量单位的必要性】

师：我们每天都用到数学书，你知道数学书有多长吗？老师为每个小朋友都准备了一个信封，请你把信封里的东西小心地倒在课桌上。

师：我们一起来认一认，信封里有哪些东西。

生：有纸条、小棒、牙签、回形针和小立方体。

师：哪样东西最长？你能挑出来吗？哪样最短呢？

生：小棒最长，小立方体最短。

师：这些东西可以作为我们量长度的工具。请你选择自己喜欢的一种，量一量数学书有多长。

学生操作后汇报，教师将结果填入表格。

纸条	小棒	牙签	回形针	小立方体
4个半	2个	3个	7个	21个

师：大家都量的是同样的数学书，为什么量出来的结果不一样呢？

生：因为我们用来量的东西不一样长。

反思：学生用不同的工具量数学书，得到的结果不尽相同，在相互交流中体会统一单位的必要性。由于多数学生都有测量的经验，操作比较顺利，得出结论也没有太多的悬念。

【方案二：通过解决问题，体会统一度量单位的必要性】

师：（出示课件，如下图）哪支铅笔长？

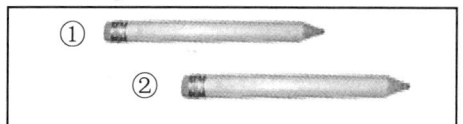

生：第二支长。

生：第一支长。

师：怎样能一眼看出哪支铅笔长？

生：把第二支移过来，两支铅笔的橡皮头对齐，就能看出哪支长了。（教师演示课件）

师：这是一种好方法，把两支铅笔的一头对齐，就方便比较了。可是这两支铅笔不能移动，你能判断哪支长吗？（学生沉默，少数学生举起了手。教师出示格子图，见下图）

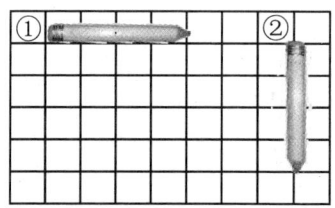

师：现在呢？你能判断吗？

生：一样长。

师：为什么？

生：1号铅笔占了4格，2号铅笔也是4格，所以一样长。（教师出示课件）

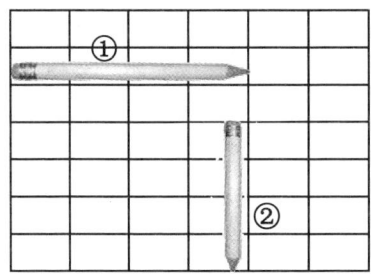

师：数一数这两支笔分别占了几格？

生：都是4格。

师：它们一样长吗？

生：不一样，1号铅笔长。

师：两支铅笔都是4格。为什么不一样长呢？

生：因为1号是横着放的，格子比较长，2号是竖着放的，格子有点扁，所以1号长，2号短。

生：这是长方形的格子，横的边长，竖的边短，所以横着的4个格子比竖着的4个格子长。

师：说得真好。铅笔怎么摆容易比较呢？

生：要么都横过来放，要么都竖着放。

师：对了，我们要把铅笔放在一样的格子中，才能比长短。

反思：以上教学过程，以格子图的变化把学生的思考引向深入，从正反两个方面引导学生体会统一度量单位的必要性。教学中，虽然没有让学生直接参与动手操作，但学生对统一度量单位必要性的体验还是比较深刻的。与方案一的教学相比，学生的思考更加深入，参与也更加充分。

【方案三：通过观察建立1厘米的空间观念】

师：今天我们就要来认识一样测量长度的工具。（课件出示尺子，见下图）

师：请大家观察尺子，你看到了什么？

生：尺子上有一条一条的线。

师：对了，这些线叫刻度线。还有什么呢？

生：还有很多数。

师：我们一起把尺子上的数读一读。（学生读）

师：排在最左边数是几？

生：是0。

师：起始的刻度线上写着0，我们把它叫作0刻度。用尺子量东西的时候，就要把0刻度和物体对齐。

师：0的后面是1。0和1之间有一段距离，这一段的长就是1厘米。

师：还有没有别的发现？

生：cm。

师：cm就是厘米的意思，在国际上厘米用cm表示。

师：在你们自己的尺子上找一找刻度线、数字、0刻度和cm。

师：你能找到尺子上的1厘米吗？

生：0到1，1到2，2到3。

生：6到5也是1厘米。

师：能不能用一句话来说说？

生：相邻两个数之间。

师：对了，相邻两个数之间的距离都是1厘米。

师：刚才我们认识了1厘米，现在我们来找一找，在我们身上，在我们身边，有哪些东西的长是1厘米。

生：门牙。

生：手指甲。

反思：这个教学过程，基本忠实于教材的设计，主要目标是认识1厘米，学生经历的主要活动就是从尺子上认识1厘米，到生活中找出1厘米长的物体。

【方案四：反复体验建立1厘米的空间观念】

前面的环节与片段3相差无几，一个小的变化是先让学生独立观察自己的尺子,并在小组里汇报观察所得,然后全班汇报。在此基础上,增加了让学生表现1厘米的活动,通过反复体验,帮助学生牢固地建立1厘米的空间观念。

1. 用手比一比

师:我们已经知道小立方体的长(棱长)是1厘米。现在我们用它来做一个小游戏。先用拇指和食指轻轻地捏住小立方体(教师边讲边演示),然后把小立方体轻轻抽出,保持拇指和食指不动,这两个手指之间的距离就是1厘米。(学生跟着做)

师:请你们仔细观察两个手指之间的距离,记住这么宽就是1厘米。

师:把拇指和食指捏在一起,再慢慢分开,直到它们之间的距离是1厘米的时候停下。

师:你们比画的是不是1厘米呢?把小立方体轻轻塞到两个手指之间,验证一下你比画得准不准确吗?(学生验证)

师:如果不够准,可以再试一次。

一些学生欢呼:很准的。

2. 纸上画一画

师:我们已经记住了1厘米,现在请你们在纸上先画一条1厘米长的线段。(学生画)

师:同桌交换检查画得准不准。(有的学生用尺子量,有的学生用小立方体量)

师:你画得准确吗?是长了,还是短了?

师:现在允许你们改一改,使它更准一些。要先想好,是改长一些还是短一些。

师:现在你们一定把1厘米记得更牢了,请再画一条1厘米长的线。

反思:本环节的教学设计了两个表现1厘米的活动,通过不断地感知和校验,帮助学生建立1厘米长的清晰表象。

3. 估计物体的长度

师:一个小立方体长1厘米,两个拼在一起长多少?

生:2厘米。

师:自己拼一拼,看看2厘米有多长。(学生拼)

师:如果再拼一个呢?

生：3厘米。

师：我们每人都有一张黄色纸条，不用量，你能估计一下大概有多长吗？

生：2厘米。

师：你是怎么估计的？

生：刚刚画了1厘米，比一比，大概是2厘米。

生：刚才把两个立方体拼成2厘米，我看差不多。

生：用笔在纸条中间做一个记号，左边1厘米，右边也1厘米，一共2厘米。

师：真棒！还有一张蓝色纸条，估计一下大概是几厘米。

生：4厘米。

师：你是怎么估计的？

生：黄色纸条是2厘米，蓝纸条对折和黄色一样长。

师：用笔做小记号，1厘米点一下，可以点3下，是4厘米。

师：大家用尺子验证一下。

反思：估计物体长度的活动，本质上也是巩固1厘米的空间观念，只是融合了更多的策略。与方案三的教学相比，学生经历了前面反复体验的过程，建立的1厘米的空间观念比较巩固，估计的策略更显多样化。

教学评论

笔者以"突出认知参与 强调反复体验——对有效数学活动的思考"为题撰文对这节课的教学设计进行了评析。（姜荣富，2010）

本质上说，数学学习的过程是数学活动的过程。把数学学习刻画为一种数学活动，提示了教学应当把学生参与作为重要目标，并关注学生在活动中的体验。数学学习也是一种相当特殊的活动。就教学来说，理解它的特殊性不可回避有效数学活动的问题，如：怎样的数学活动是有效的？有效的数学活动包含哪些要义？如何根据小学生的学习特点设计有效的数学活动？但是，和有效教学的概念一样，什么是有效的数学活动，并没有一个统一的说法，特别是离开具体的教学内容和实际的教学过程，讨论有效的数学活动可能更加困难。我们尝试从具体的教学实践出发，通过设计不同的数学活动，从中提炼有效活动的核心要素，并结合对小学生的观察与调查，力求使教师对有效活动的理解更加符合学生的学习心理。下面以上述同课异构的几个教学方案为例，和大家一起讨论。

（1）体验统一度量单位的必要性：以问题解决驱动认知参与

度量是将事物的属性量化，赋予事物一个数，从而可以在同一维度上进行比较。度量的知识提供了学习和应用其他数学概念的机会，如数的运算、几何概念等都联系着度量。在现实生活中，没有度量更是不可想象。度量的学习可以分几个阶段循序渐进地进行，如学习长、短的概念，进行简单比较，使用自定义单位，学习使用测量工具。

从严格意义上说，一年级学生认识厘米是正式学习度量的起始。但是在这之前，学生已经学习了长、短的概念，会进行简单的比较，许多学生还积累了用自定义单位度量的经验。体验统一度量单位的必要性是学习度量的逻辑基础。现行的教材在学生认识厘米之前，安排了用不同长度的工具度量物体长度，让学生在测量活动中体会统一度量单位的必要性。上述方案一基本忠实于教材设计的思路。

应当说，在这样的教学过程中，让学生经历测量的具体操作是有意义的，不仅可以积累测量活动的经验，还可以直接得出推进教学需要的数学结论，即长度单位不同，测量结果也不一样。但是，按照这一思路设计的数学活动，教师和学生的注意力都集中于具体操作，而对统一度量单位必要性的体验，已经异化为一个简单问答，即在学生测量之后，教师问：为什么量得的数不一样？学生答：我们用的工具不一样（度量单位不一样）。这个结论如此显然，甚至不需要亲历操作也可能得出，与具体的动手操作相比，体验过程未免"虎头蛇尾"。事实上，这个操作活动与主体的需要并不密切相关，因为学生虽然动手做了，但并不理解为什么要这样做。简单地说，这一教学方案的软肋是，活动过程缺乏必要的认知参与，体验的"真实性"被打了折扣。

方案二的教学设计，摒弃了教材提供的思路，试图通过学习材料的重新设计另辟体验之路。改进之后的教学以问题解决驱动学生的认知参与，让学生在解决问题的过程中形成对知识的理解，并获得真实的体验。具体地说，方案二的教学，安排了四个渐近深入的体验层次。

第一层次，直觉比较两支铅笔的长短。先呈现两支铅笔，让学生根据直觉判断长短。因为两支铅笔的长短比较接近，使得学生对自己的判断不十分肯定。有些学生指出，把两支铅笔的一头对齐，这事实上就是进行简单比较，但教师没有迁就学生的思路。

第二层次，让学生在正方形的格子中比较铅笔的长短。在第一层次的活动中留下了一个悬而未决的问题：到底哪支铅笔长？当教师呈现了正方形的格子之后，学生兴奋起来了，铅笔长短的问题随即转化为数的大小问题。学生在这个过程中感受了形数结合的力量，建立了认知平衡，同时，也体会了度量就是用一个数值来表示物体长短的属性。

第三层次，让学生在长方形的格子中比较铅笔的长短。在第二层次的体验中，学生建立的认知是格子数相同铅笔长短也相同，这个认知很快受到了挑战。因为教师随即呈现的是长方形的格子，两支铅笔都占4格，为什么长度不一样呢？是我们的眼睛欺骗了自己吗？学生刚刚建立的平衡被打破了。课堂里短暂平静之后，便举起如林的小手。学生的思考是，一支铅笔长4大格，另一铅笔长4小格。尽管几名学生的回答都算不上完整与严谨，但无一例外的是，他们都关注到了问题的症结所在，即格子大小（度量单位）是不一样的。

第四层次，怎样摆放铅笔更方便比较长短？这是从第三个层次体验中延伸出的问题。学生的回答很简单，要么都横着摆，要么都竖着摆。其本质是统一了度量单位。

以上四个数学活动是问题解决的过程，中心问题是如何比较两支铅笔的长短。教师通过变化学习材料，引导学生体会"正方形的格子是标准尺"，对"格子数一样为什么长短不同"、"不方便比较可以怎么办"等问题进行思辨，使学生在"建立平衡—打破平衡—再建立平衡"的过程中，对统一度量单位的必要性产生领悟，生成度量就是与"标准尺"相比较的数学意义。

亲身感受对数学体验的形成有特殊意义。但是，亲身感受并不必然产生数学体验，方案一正是这样的例子。比较方案一与方案二，可以得到的启示是，在数学活动中，从感受积累到产生领悟和生成意义，重要的推手是学生的认知参与。换句话说，没有认知参与的活动不是数学体验的追求，进一步说，数学活动如果缺乏学生的认知参与，其教学的有效性就无从谈起。

(2) 建立 1 厘米的空间观念：在多样化的活动中反复体验

空间观念的含义并不明确，而且比较广泛。这里所指的建立 1 厘米的空间观念，就是当 1 厘米的形象不在眼前时，能在脑子中想象出 1 厘米的长度。作为教学目标，它可以描述为：能在一组材料中挑选出 1 厘米的线段（或物体），能根据脑子中 1 厘米长度的形象估计线段（或物体）的长度（一般是 5 厘米以内）。

建立 1 厘米的空间观念是教学的核心目标，也是学生学习的难点。在以往的教学实践中，我们发现学生建立单位长度的空间观念比较困难。举例说，在选择合适的长度单位时，学生会出现"床的长度是 2（厘米）"的错误。为什么会这样呢？是生活经验的缺失吗？不是，学生天天都睡在床上。或许造成错误的原因比较复杂，但学生脑子中没有产生 2 厘米长的形象，一定是不能忽视的原因。

我们意识到了建立 1 厘米空间观念的重要性，也感受到了学生建立这样观念面临着较大的挑战。方案三和方案四，正是把建立 1 厘米的空间观念作为设计的对比点。其中，方案三的教学，止步于下面的第一和第二环节，对 1 厘米长的认识局限于"从尺子上看"和"到生活中找"，事实上这也是多数教材安排的学习过程。相比较而言，在方案四中，学生经历的体验过程则要丰富得多。我们假设，通过设计多样化的数学活动让学生反复体验，可以有效地帮助学生建立起 1 厘米的空间观念。具体地说，方案四的教学安排了四个环节：

第一环节：从尺子上认识 1 厘米，初步建立 1 厘米的表象。尺子上从 0 刻度到 1 刻度之间的长度是 1 厘米，从刻度 1 到刻度 2，刻度 2 到刻度 3……刻度 5 到刻度 6 之间的长度也是 1 厘米，最后概括出两个相邻刻度之间的长度都是 1 厘米。

第二环节：从生活中找 1 厘米的物体，建立数学知识与生活经验的连接。生活中哪些东西的长度（宽度）接近 1 厘米？学生举出了众多的例子，如门牙的宽度、手指甲的宽度等。还有学生从学具中找到了例子，如小棒的长度是 1 厘米、小立方体（棱长）是 1 厘米等。

第三环节：比画出 1 厘米的长度，在表现性的任务中修正。用大拇指和食指捏住棱长是 1 厘米的小立方体，把小立方体轻轻地移开，保持大拇指和食指之间的距离不变，并观察两个手指之间的距离。然后把拇指和食指先捏在一起，再慢慢地分开，直到两个手指间的距离是1厘米时停下，最后把小立方体放在两个手指之间，看看比画的两个手指之间的距离是不是1厘米。

第四环节：徒手画出1厘米的线段，在调整的过程中使之精确。先想想1厘米有多长，再徒手画1厘米长的线段，然后用尺子量一量。如果画得不准确，想一想应当怎样改。最后再徒手画一次。

体验是活动过程留下的痕迹，体验是主动参与的必然要求。课堂观察中，我们发现学生对体验活动乐此不疲，特别是当他们准确地表现了1厘米的长度时，欢呼雀跃的神情成了课堂上最美丽的风景。通过比较方案三和方案四，我们更加深刻地认识到，感受的积累对数学体验是极其重要的。我们对两种方案的教学效果进行了检测，学生在各项任务中通过率结果如下：

任务	找出长1厘米的线段	估计线段的长度（实际长2厘米）	估计线段的长度（实际长4厘米）	画3厘米长的线段（徒手画）
方案三	84.3%	65.4%	50.0%	23.1%
方案四	92.1%	72.4%	48.3%	31.0%

以上几项任务，都联系着学生建立的1厘米的空间观念，从数据的比较中可以看出，方案四的教学效果比方案三好，这与我们的假设是一致的。特别是，我们还意外地发现，丰富的体验活动联系着创新思维。在方案三和方案四的教学中，都要求学生估计给定纸条的长度，结果方案四的教学中，学生估计的策略更加多样，比如把纸条进行对折、在纸条上逐个划分出1厘米等。不妨假设，学生获得了丰富和积极的学习体验，灵性才能完全释放，才可能萌发更多的创新。

回到前面提出的与有效数学活动相关的问题，至此为止，我们仍然不能准确地回答什么是有效的数学活动，但是，作为一种教学的研究与探索，以下观点是我们思考这个命题得到的认识：有效的数学活动应当强调学生主体的认知参与，认知参与是从体验活动到获得感悟和生成意义的重要推手；有效的数学活动应当重视让学生进行反复体验，丰富和积极的学习体验联系着创新思维。

6 校本教研活动方案

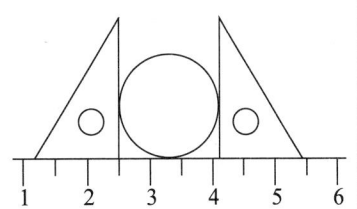

如何通过学校的教研活动，让教师在共同学习、共同思考和共同研究中提升专业素养，提高教育教学的理论水平与实践能力，或者说，学校如何通过改进教研活动的策划与组织，通过提高教研活动的实效性来促进教师的专业成长，是当前学校教研工作需要重点思考的问题。校本教研是学校的常规工作，是教师共同学习与成长的重要平台，也是学校开展教师业务培训的新机制。

　　长度测量的校本教研设计，关注理论与实践两个方面，聚焦于知识背后的数学理解，特别是数学知识的内在联系与思想方法，同时兼顾到教学的实践，对名家的教学进行深度的讨论与解读，从中获得理论的滋养与实践的智慧。

6.1 小测量 大智慧

【活动内容】

小测量中蕴含大智慧。

【活动目标】

- 了解长度测量对数学与科学发展的意义；
- 体会长度测量的美妙设计与知识学习的价值；
- 理解长度测量与其他领域数学知识之间的关系。

【活动时间】

60 分钟。

【活动准备】

请每位参与活动的老师阅读下面的内容，思考后面提出的问题，准备在参与活动时与大家交流，也可以提出一些自己的问题与大家讨论。

（1）阅读下面一段话，提出问题或回答问题

几何学起源于图形大小的测量，测量不仅是数学发展的推动力量，也与科学技术的发展相得益彰。长度测量的一些数学概念与规则设计都是数学内部和谐选择的结果：几个长度的公测量就是这几个数的公因数，1 是任何自然数的公因数，把单位长度设计为 1 个单位，可以使得测量结果的表示最为容易；测量物体长度的本质是测量线段的长度，把长度定义为线段两个端点之间的距离，是为了使两点之间的长度唯一；长度单位的进率与十进制记数法规则一致，使得长度单位的换算与计算更加便捷。

问题：

- 与长度测量有直接联系的数学知识有哪些？它们与长度测量是如何联系的？
- 为什么说长度测量的规则设计是数学内部和谐选择的结果？

（2）阅读下面一段话，提出问题或回答问题

测量联系着图形与数量，是重要的数学实践。线段长度测量不仅是一切测量的出发点，而且直接推动了数学的发展。一般认为，几何学直接起源于图形大小的测量，测量对数概念的发展也功不可没。

早在公元前 500 年，人们对数的认识还局限在有理数的范围内，毕达哥

拉斯就对自然数进行了多方面的研究，提出了"万物皆可数"的理念，并且强调任何两条几何线段的比都可以用分数来表示，这与人们的直觉与经验似乎是一致的。可是，当毕达哥拉斯学派的成员无意间研究正方形的对角线时，很快就陷入了困境，他们发现边长为 1 的正方形对角线的长度，既不能用整数表示，也不能用分数表示。由此，引发了"第一次数学危机"。幸运的是这次危机变成了转机，无理数因此诞生。测量推动了数概念的扩展！更为重要的是，经历这次扩展之后，数学渐渐远离了日常生活，更加体现出其抽象性的特点。数学挣脱了现实背景的束缚，摆脱了直观形象的拖累，得到了更快的发展。

问题：

• 为什么说测量推动了数概念的扩展？

• 引入分数时，通常有两种思路：一是分苹果的活动，半个苹果不能用自然数表示，所以引入分数表示；二是用一个单位长度测量物体，不能得到整数，多余的部分用分数表示。你如何看待这两种不同的引入方式？

(3) 阅读下面一段话，提出问题或回答问题

两点确定一条直线，这条直线不仅方向唯一，而且两点之间距离（即线段的长度）也是唯一的，这是定义长度概念的基石。什么是长度？长度是线段两端之间的距离。用线段长度来定义两点之间的距离，是为了保证两点之间的距离是确定的，而且是唯一的。反过来理解，如果不是用线段来定义长度，那么两点之间的连线就可以有很多条，有的是直线段，有的是曲线或折线，唯有直线段的长度是确定的。

人类选择线段来定义两点之间的距离是十分明智的，它确保了两点之间距离的唯一性，给定义其他相关数学概念提供了方便，并且不至于出现逻辑上的矛盾。

与线段长度相关的概念有很多，如平行线之间的距离、图形的高等。以三角形的高为例，它是这样描述的：从顶点出发向对边作垂线，顶点到垂足之间的距离叫作三角形的高。在这个概念描述中有许多关键词，如从顶点出发、垂线等。这些关键词可以看作是概念的限制条件，概念中的这些限制条件，是为了使三角形指定边上的高唯一。试想，如果去掉垂线这个限制条件，那么过三角形的顶点就能作无数条与对边相交的线段，这些线段方向不同，长度不一，那面积怎么计算呢？因此，和许多数学定理与

法则一样，选择线段来定义长度，是数学公理化思想与严谨性的体现。

问题：

• 测量物体的长度，本质上就是测量线段的长度。有的教材在二年级时向学生介绍了线段，有的是直接出示线段且不加解释。你认为怎样处理比较好？

• 在小学数学中，与线段测量有关的数学知识有哪些？它们是如何联系的？

• 许多数学概念中的关键词都可以理解为其限制条件，想一个数学概念，说一说它的限制条件，并反过来想想：如果没有这个或这些限制条件，结果会怎样？

（4）阅读下面一段话，提出问题或回答问题

测量意味着与标准尺进行比较，比较是测量的基础，甚至可以说，如果没有比较就不会有测量。长度测量中的比较标准就是长度单位。

如果只是一次单独的测量活动，并且对测量精度要求不高，那么统一测量单位就不是那么重要，甚至选择什么长度单位无关紧要了。人类在历史中发明了大量可能的单位，这些单位常常是不统一的，这给人们的交流带来了很大的障碍。随着手工业和商业的发展，需要固定的长度单位，这就是公制测量系统产生的本源。

现在，国际标准的长度单位是米，全世界的1米长度都是一样的，我们已经很难直接体会到单位不同带来的麻烦。不过，只要看看其他的例子，就有体会了。比如，世界许多国家的货币都没有统一起来，一个国家的公民到另一个国家去旅游，不可缺少的一件事情就是兑换钱币，即使是刷卡消费也免不了换算的过程，只不过这个过程是由电脑完成的。

测量单位的建立和统一，既是历史的沉淀，也是现实生活所需，更是人类文明与进步的成果。有人说，如果长度单位没有统一起来，世界的发达程度一定到不了今天这个水平，生活在地球上的人们就不可能享受现代文明成果。一个数学上的小进步，带来了世界文明发展的一大步！

问题：

• 日常生活中，如果不是为了得到精确的结果，你还用过哪些工具测量物体的长度？它们的单位分别是什么？

• 为什么统一长度测量单位的过程会这么漫长？统一长度测量单位的意义是什么？

● 怎样让学生体会统一度量单位的意义？除了让学生亲历测量的活动与交流之外，还有其他方法吗？

(5) 阅读下面一段话，提出问题或回答问题

确立公制单位包含对单位之间进率的设计。规定两个单位之间是整数关系的好处是显而易见的，不仅具有简单和一致的内部结构，而且单位之间总是以10的关系相连。过去，人类所使用的单位并不都符合这个规则，甚至两个单位之间的关系可能很复杂，给换算与计算带来了不少麻烦。现在的教学，重视让学生经历统一度量单位的思考过程，如自己选择测量工具，测得桌子的长是5支铅笔加3个回形针的长度，这时就需要知道铅笔长度与回形针的长度之间是如何换算的，可能是3.7个回形针=1支铅笔。其他人也测量了桌子的长度，由于选择的工具与换算关系不统一，使得测量结果的表达不一致。解决这个问题的办法，是把大家使用的单位统一起来，这样才能进行精确的、有意义的测量与交流。

长度单位采用了十进制，与自然数的进制是一致的，这不仅给单位的换算带来了方便，而且可以用逻辑演算导出其他单位来。长度单位换算的便捷性，只要想想时间单位的换算以及学生经常出现的错误就能体会到了。常用时间单位的进率是60，即1时=60分，1分=60秒。把2.5米换算成以厘米为单位，只要把2.5乘进率100，这个过程可以简化为把小数点向右移动两位。但是，把2.5小时换算成以秒为单位就没有那么简单了，需要用2.5乘3600，这个过程需要依赖计算器，至少也得列个竖式来计算。通过演算来推导其他单位，则可以以简驭繁。如以1米为基本单位，平均分成10份，1份就是1分米，再把1分米平均分成10份，1份就是1厘米，把1厘米平均分成10份，1份就是1毫米；相反，如果把10个1米聚合起来就是10米，把10个10米聚合起来就是100米，把10个100米聚合起来就是1000米。

问题：

● 为什么长度单位的换算可以简化到只要移动小数点就可以了？而时间单位的换算为什么不能简化到只移动小数点？

● 生活中还有哪些单位之间的进率不是采用十进制的？这些单位之间的换算与长度单位之间的换算相比，有什么麻烦？

(6) 阅读下面一段话，提出问题或回答问题

如果要用线段 a 去测量许多条线段的长度，就需要考虑一个重要的问题，最好是那些线段的长度都是 a 的整数倍，也就是说，a 是这些线段长度的公因数，这会少去很多的麻烦。可是这个 a 怎么选呢？以 1 作为单位无疑是最好的选择，因为任何一个数都是 1 的倍数，或者说 1 是所有自然数的公因数。这样就可以最大限度地使得对线段测量的结果是整数。

把长度单位设计为 1 与把时间单位的进率设计为 60，虽然数量有所不同，但设计的思想是一致的，都是为了使表示的结果尽可能简单化。在 60 以内的自然数中，60 的因数是最多的，这可以使得许多时间方便用分数表示出来，比如，10，12，15 都是 60 的因数，10 分 = 1/6 时，12 分 = 1/5 时，15 分 = 1/4 时，相应的，5 分 = 1/12 时，24 分 = 2/5 时，45 分 = 3/4 时。如果规定 1 时 = 57 分，那么许多时间就不可能用这样简单的分数表示了。

测量提供了学习和应用其他数学知识的机会，把这些看似没有直接联系的数学知识综合起来思考，可以看到数学知识的美妙图景，也不得不佩服人类的伟大智慧。

问题：

- 任何两个自然数都有公因数 1，这与长度单位设计是如何联系的？
- 边长为 1 的正方形面积是 1，规定边长为 1 有什么好处？

【活动过程】

活动过程是一个交流与分享的过程，也是一个增进理解与扩展认知的过程。每位参与者都应积极地参与讨论与交流，不用担心自己的想法是不是成熟。

活动时，先根据上面的问题进行分组，每组讨论两个内容，选择自己喜欢的主题参与小组讨论交流。

- 小组交流：每个人都要在小组中发表自己的观点，记录人将发言人的主要观点写下来。小组代表对本组的观点进行综述，并准备在大组中进行交流汇报。
- 大组交流：每个小组推荐一个代表向大组汇报，根据人数多少，对每组的发言人限定时间。发言人之间在内容上尽可能不要重复，但可以补充。记录人要记录每一个小组的主要观点。

- 回顾与提高
  - 讨论以上问题,你对长度测量的教学有了哪些新的认识?
  - 哪些问题的讨论会直接影响到你对长度测量的教学?
  - 绘制长度测量的"知识树",说一说这些知识之间是如何联系的?

6.2 数学思想方法

【活动内容】
长度测量中的数学思想方法。

【活动目标】
- 了解长度测量中联系的主要数学思想方法;
- 更深入地理解长度测量的教学内容,理解内涵丰富的教学细节;
- 体会理解数学思想方法对改进教学的意义。

【活动时间】
40 分钟。

【活动准备】
阅读材料,独立思考问题。

(1) 长度测量与公理化思想有什么联系?

所谓公理化,就是指在建构一门学科理论体系时,从尽可能少的原始概念(不加定义的概念)和一组公理出发,遵循逻辑规则,定义其他概念,演绎和推理其他命题,从而把这门理论建立在少数原始概念与公理之上,并遵循严格的推理,形成系统方法。科学理论体系的构建正是通过公理化方法。牛顿是世界上最伟大的科学家之一,他曾谦逊地说:"我是站在巨人的肩膀上的……"这里所指的巨人,包括《几何原本》的作者欧几里得,因为牛顿在写作他的名著《自然科学的数学原理》一书时,借鉴了《几何原本》的公理化思想。

公理化方法源于数学,是数学中的一种特殊方法,但它的意义早已超越了数学的范围,成为加工整理知识,建立科学理论的工具。公理化方法的基本功能是对零散的、不系统的、杂乱无序或不甚严密的学科体系进行逻辑重建，演绎地展开理论的全部内容，使之结构严谨有序。不仅如此，利用公理化方法能够纯逻辑地、形式地定义出新概念，纯逻辑地演绎推导出新定理，而且更加方便。

问题：
- 长度测量与公理化思想有什么联系？
- 长度单位的换算与十进制计数法保持一致有什么好处？

（2）测量长度与集合对应思想有什么联系？

集合是数学中基本而又简单的概念之一。集合的概念是通过抽象化的途径产生的，不能加以精确定义，是一个原始概念。人们常把任意事物的总和看成集合，其前提是抽去各事物之间所有的联系与关系，而仅保留这些事物的个别特性。

集合对应思想是集合论的主要思想。对应是现代数学中重要的基本概念之一，它所反映的是两个集合的元素间的关系。集合对应思想是许多数学概念与数学方法的基础。对应也是一个不加定义的概念，一一对应是建立在对应基础上的，是一种特殊的对应。

一般而言，两个集合 A，B，如果存在规则 f，对于集合 A 的每个元素，根据 f，集合 B 都有唯一确定的元素和它对应，并且对于集合 B 的每个元素，根据 f，也都和集合 A 中唯一确定的元素对应，则称 f 是 A 到 B 的一一对应，同时称 A 与 B 的元素之间可以建立一一对应关系。

其实，在古代数学中对应的概念已有萌芽，但不明确，主要源于测量或度量。在测量几何形状的度量属性时，我们用有刻度的尺子，量多少就是多少，刻度尺从某种意义上讲，就蕴含了"数与点的对应"思想。在数学史上，量长度是直线上取 0 为原点，1 为单位长，我们就可以在直线上点出 2，3，…，还有"几分之几"，这实质上是对直线进行坐标化，将点与数一一对应。

问题：
- 尺子的刻度设计与自然数列有什么联系？如果尺子上的数与自然数列不一致，会有什么麻烦？
- 长度测量就是与标准尺进行比较，这句话与集合对应思想有什么联系？

（3）长度测量和连续与离散矛盾辩证思想有什么联系？

数产生于计数和测量。根据计数的最原始的方式，如结绳计数、堆石子计数、刻痕计数等，所采用的计数原理实际上是把绳结、石子、刻痕与被计数单位间建立一一对应关系。在这里，被计数事物是以个而论的，从而形成了描述自然界离散事物的计量模型——自然数模型，它刻画了自然界中那些不可分解的事物的数量问题。所谓不可分，是指若将它进行分解，就会发生事物性质的改变，因而失去计量的意义。这种不可分解的事物在数学上就作为一个单位存在，而计算过程就在离散数量的状态中进行。克莱因指出，整数代表离散的对象，可公度比代表两批离散对象间的关系，或代表有公共度量单位的两个长度间的关系，因这时每个长度都可看成度量单位的离散集合。不过，长度一般说并非度量单位的离散集合，这就是出现不可公度长度之比的原因。

就测量而言，测量所面对的对象，如长度，一般都是可分解的。就是说，如果将它进行分解，并不会改变我们对所要计量的事物的那些主要规定。如测量一根电线的长度，计量的是这根电线两端之间的距离，它的任何分割得到的都是这根电线的一部分。虽然物体本身并非是一部分一部分地合并起来的，但是却可以被分解、合成而不影响其计量性质和意义。这样，为了精确地表达诸如物体长度之类的量，实现其无限可分的性质，在数学的抽象中就引入了连续量的模型——实数系。由此可见，数量的连续状态是事物无限可分性的反映和要求。当然，由于人们认识上的局限性，最初认为分数就能够描述这种可分解量。

问题：
- 长度的可分解究竟是什么意思？这与线段的可加减有什么联系？
- 整数可以作为离散量的模型吗？分数可以作为连续量的模型吗？

（4）度量活动与极限思想有什么联系？

有数学家指出，使数学真正成为数学，使数学在应用方面和纯理论方面发展为丰富而正确的科学，进而成为深奥而严格的科学的思想，渗透于整个数学中，并且总是活跃着的思想，就是经过提炼的极限思想。这段话指明了极限思想在数学中无可替代的地位。测量物体长度就是用一个标准去与被测量的物体比较，比较的过程中不可避免地存在着误差。减少误差的努力就联系到了极限思想。这个经过提炼的极限思想，确定了一个被认为是空洞抽象的、难于抓住其实质大小的数学意义。极限思想虽然不被学生所理解或关注，但作为教师来说，应当理解简单的测量活动中蕴含着的这一深刻的数学思想。

更进一步说,一定意义上科学发展的历史就是测量精度不断提高的历史。或者倒过来说,减少测量误差的努力就是科学发展历程的缩影。因为提高测量的精度与减少测量误差,主要依赖于测量工具与测量技术的发展。在体育比赛中,对时间与距离的测量精度已经越来越高,即使选手之间丝毫的差异也能区分出来。这是现实生活中提高测量精度带来的直接益处。虽然不断提高的测量精度不一定有现实的意义,但有一点可以肯定的是,这是人类不断挑战自我、不断攀登高峰的进取精神的体现。

问题:
- 测量总是越精确越好吗?怎样根据实际的需要选择合适的测量精度?
- 为什么多次测量取平均值可以减少测量中的误差?

6.3 教材比较

【活动内容】
长度测量的教材比较研究。

【活动目标】
- 了解不同版本的教材如何编排长度测量的内容;
- 学习深入钻研教材的方法与策略;
- 体会研究教材对改进教学的意义。

【活动时间】
50 分钟。

【活动准备】
(1) 查阅不同时期的教材与现行各版本的教材,分析这些教材中长度测量的内容编排。回答下面的问题:
- 2000 年前后,我国长度测量的教材编排有什么不同?增加了哪些教学内容?删减了哪些方面的教学要求?
- 比较 2000 年以后我国人教版、北师版、苏教版、浙教版等教材,这些教材对长度测量的编排有哪些相同之处?

• 不同教材是否包含了认识厘米的长度单位、长度单位的计算、建立长度单位的空间表象、用尺子测量物体的长度等基本知识模块？这些内容，变化的是什么？不变的核心是什么？

参考资料：进入 2000 年以后，所有的新编教材无一例外地强调让学生经历测量的操作活动，从中体会统一度量单位的重要性。统一度量单位的重要性，在独立的测量活动中是体会不到的，只有与他人交流度量的结果以及需要换算时才能体会到。因此，教学时不仅要让学生经历测量活动的过程，更重要的是要让学生交流测量的方法与结果，进而思考为什么统一度量单位是重要的。

纵观教材的历史变迁，可以看到数学知识的洗涤与沉积。一般看来，那些经过历史检验而被继承的东西可能就是教学的传统。一个时代必然是历史的节点，对教材中出现的新知识模块，我们需要努力地进行教学创新，这样，数学教育才能不断地超越和发展。

（2）对"认识厘米"这节课的知识内容进一步细分，可以分为以下几个方面：①用不同的长度单位度量同一物体的长度，得到不同的结果；②讨论统一长度单位的重要性；③认识直尺上从 0 到 1 的刻度间的长度是 1 厘米；④寻找身边 1 厘米长的物体；⑤读出指定物体的长度；⑥用长度单位厘米测量物体的方法；⑦长度单位的计算；⑧物体长度的估计；⑨画指定长度的线段。

问题：

• 不同版本的教材，包含上面的哪些内容？

• 以上几个方面的内容，你认为哪些是核心的？

• 如果一节课的教学不能涵盖全部的内容，你会选择哪些内容？

• 以体会统一度量单位的重要性为例，不同版本的教材知识的呈现方式与学生活动的方式有何不同？你喜欢哪一种？

参考资料：对 20 年间教材进行纵向比较可以看出，"认识厘米"的教材编写有许多变化，虽然认识厘米这一长度单位仍然是教学的核心内容，但对长度单位的计算、建立长度单位的空间表象、用尺子测量物体的长度等内容，不同的教材有不同的选择与侧重，这是教材编写多样化的具体体现。具体如下表：

	①	②	③	④	⑤	⑥	⑦	⑧	⑨
浙教版	√	√	√		√		√		
人教版	√	√	√	√				√	
北师版	√	√	√		√	√	√		
苏教版	√	√	√	√	√	√	√		√
西师版	√	√	√	√	√	√	√		

（注：表中打√表示安排了这项内容）

需要指出的是，这些教材都把让学生经历用不同的长度单位测量同一物体的长度，讨论建立统一长度单位的意义作为理解长度单位的逻辑基础，安排在"认识厘米"的学习之前。这相当于学生认识长度单位时，在知识源头的方向上多走了一步，不仅可以丰富学生学习的操作实践活动，而且可以增进学生对长度单位的理解。

特别地，用尺子测量物体的长度在不同教材中都有体现，并且操作活动的方式逐渐具体和丰富。这可以看作是教材演变中积淀的重要内容，也是数学教学的优良传统，即注重数学学习与实践活动相结合。

（3）以下教学片段，意在让学生在测量活动中体会统一度量单位的重要性。阅读这个教学片段，思考问题。

师：桌面有多长？你能不能用自己喜欢的东西来量一量？（学生自选工具量，有的用尺子，有的用文具盒，还有的用不同的小棒，等等）

生：4根小棒，2根绿色加2根蓝色。

生：5支铅笔长。

生：3个文具盒多一些。

生：用尺子量是60厘米长。

师：为什么会有这么多答案？

生：因为它们的长度都不同。

师：我们用不同长度的东西去量一个物体，得到的结果是不一样的，这样别人能不能听明白？

生：不能。

师：你们有什么好方法吗？

生：用尺子。

师：我们一起来看看尺子。（转入认识尺子的教学）

问题：

· 你觉得学生在这项测量活动中，如何体会统一单位的必要性？

· 学生在上述的活动中，注意力往往集中在如何测量上，而不是思考统一度量单位是重要的。教学中如何避免出现学生只测量不思考的情况？

· 认识尺子就是要认识尺子的哪些元素？核心是什么？

参考资料：度量就是与标准尺进行比较，这个标准尺与随意选择的度量单位不同，1厘米的长度始终是守恒的，不会随着时间与地点的变化而变化，即使搬到月球上去，1厘米的长度还是固定不变的。认识尺子的核心就是认识1厘米的守恒性。教学中，可以让学生把不同的尺子放到一起，比一比1厘米的长度是否相同，进一步体会：用不同的尺子量长度，结果是一样的。

· 在学生认识厘米之前已经认识了长短。以下是两组认识长短的学习材料（如图6-1、图6-2），仔细观察后，回答问题。

图6-1　　　　　　　　　　图6-2

问题：

· 从度量的角度看，上面两组材料有什么不同？

· 方格在度量中起到什么作用？如何利用方格渗透单位长度的概念？

· 实验稿课标在前言中对数学的描述是：数学是人们对客观世界定性把握和定量刻画、逐渐抽象概括、形成方法和理论，并进行广泛应用的过程。这段关于数学是什么的阐述，与上面的这两组材料有什么联系呢？哪组材料更能体现数学定量刻画的功用？

参考资料：其实对哪一组材料更好的回答并不重要，重要的是需要思考两组材料有什么不同的价值取向。绳子的长短，可以根据直觉与生活经验做出判断，而笔的长短，可以先用方格进行量化，把长短的比较转化为数量大小的比较，这是数学知识的重要应用。在这里，学生初步建立了物体的长度可以用数和量（即方格）来刻画的观念。方格就是长度单位，而是且统一的长度单位,学生可以感受到这种比较的方法是可靠的。

从度量的角度看,两组材料的"数学含量"是有很大差异的。一组材料侧重于运用生活的常识,另一组材料则更侧重于量化的数学方法。教学材料的选择,应当考虑数学的思考成分,体现出数学味。

● 下面有一组材料用于让学生体会统一度量单位的重要性(如图6-3),仔细观察后回答问题。

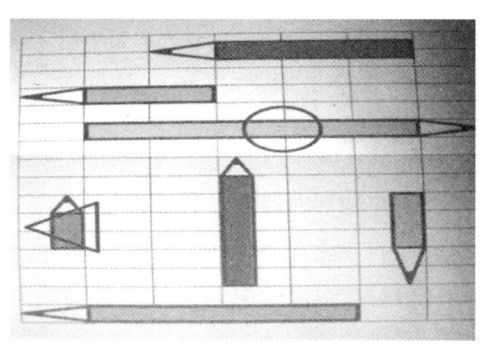

图6-3

● 哪支笔最长?哪支笔最短?为什么?

● 图中有哪几种度量单位?

● 用上述材料教学统一度量单位的重要性,可以怎样设问?以下几种,你比较喜欢哪一种?

设问1:两支铅笔都是3格,为什么不一样长呢?

设问2:一支铅笔3格长,另一支铅笔5格长,为什么5格长的反而短呢?

设问3:铅笔怎样摆放更容易比较?

参考资料:把这些笔放在长方形的格子图上,就产生了两个不同的度量单位,一个是长方形格子的长,一个是长方形格子的宽。比较这些铅笔的长短,需要把数与量结合起来考虑,学生在观察与交流结果的过程中,自然能体会到统一度量单位的重要性。

和众多教材设计的操作与体验活动相比,上图中的学习材料使活动更加简单,体验也更加深刻。不可否认,操作活动与体验过程有紧密的联系,但不是有操作才有体验,操作活动只是获得体验的一种方式,但不是唯一的方式。

【活动过程】

在独立思考的基础上，分组讨论上述问题。

6.4 教学片段赏析

【活动内容】

"认识厘米"的教学设计赏析。

【活动目标】

- 了解认识厘米教学的基本内容与过程设计；
- 学习创新教学设计的方法；
- 体会深入理解知识对教学设计的意义。

【活动时间】

40 分钟。

【活动过程】

以下是北京特级教师刘德武教学"认识厘米"的片段（伍元香，2011），阅读相关教学片段，独立思考问题。

(1) 教学目标

- 认识长度单位厘米（cm），知道 1 厘米有多长，清楚 1 厘米和几厘米的关系；能用刻度尺测量物体的长度。

- 通过观察课件、动手比一比，使学生认识厘米这个常用的长度单位以及 1 厘米和几厘米的关系；通过量一量，使学生掌握测量物体的方法。

- 通过简洁的课件让学生的注意力集中于要学习的知识；善用障碍情境挑战学生的思维，产生讨论和思辨，从而激发学生的学习热情，在发展思维的同时培养克服困难的行为习惯和精神。

问题：

- 一个教学目标的陈述一般包括目标要求、检测的方法、达成目标的途径。以前两个目标为例，分析上述目标陈述的三个构成部分分别是什么。

- 一般来说，教学的目标包括四个维度：知识技能、数学思考、问题解决与情感态度。请把上述目标按维度进行划分。

（2）新课引入

师：今天就由我和一（1）班的同学一起上一节数学课，学的是什么呢？其实就在我们的铅笔盒里。能说说你们的铅笔盒里都有什么吗？

生：尺子，铅笔，橡皮。

……

师：没错，现在请你看大屏幕，刘老师也带了一些学习用具，都有什么呢？

生：（观看，齐答）铅笔、橡皮、尺子。

师：但是刘老师的这把尺子好像没你们的好，虽然也是直直的、平平的，但好像缺了点儿什么，尺子上还应该有什么呀？

生1：还应该有0到10的数字。

师：对，有一些数。还有什么？

生2：还应该有刻度。

师：说得很准确，还应该有刻度，一个一个的小道道。其实啊，刘老师的这把尺子也有，请你来观察。（展示课件）看见什么了？

问题：

• 这个聊天式的引入，除了作为观察尺子的引子之外，还起到了什么作用？

• 怎样引导学生观察尺子？观察点应当包含哪几个方面？

• 如何引导学生理解0是起点？

（3）认识1厘米

思考：

• 什么是1厘米？怎样引导学生在尺子上找到1厘米？

• 对1厘米的认识与理解可以分成哪几个不同的层次？

带着以上两个问题阅读下面的教学片段，读完之后回答这两个问题。

师：我们在尺子上认识了刻度线，还有很多很多的数，特别是0这个数，在尺子上表示起点，还知道了有一个单位叫厘米。下面我们就要来认识1厘米。作为一个单位，1厘米有多长？（板书：1厘米）请大家看屏幕。（展示）这就是1厘米。你能说一说，在尺子上，从几到几就是1厘米？

生1：从0到1就是1厘米。

师：对了！你看他坐的位置比较偏，但是他观察得很仔细，说得也很好！谁还能说一说，尺子上从哪儿到哪儿是1厘米？

生2：尺子上从2到3是1厘米。

师：好。她认为尺子上从2到3也是1厘米。她说的有道理吗？

生：（齐）有。

师：有道理，一会儿我们会看到。谁愿意再说，尺子上从几到几是1厘米？

生3：尺子上从9到10是1厘米。

……

师：同学们非常会学习，其实在屏幕上，刘老师只给出了一条小小的线段，只显示从0到1是1厘米。我们同学还能通过自己的联想，发挥自己的想象，想出了从4到5是1厘米、从9到10是1厘米，真了不起！现在刘老师说一句话，请你判断：尺子上，从0到1是1厘米。对吗？

生：对！

师：当然对。如果这样说——尺子上，只有从0到1是1厘米，对吗？

生：不对。

师：好，下面一起来看，这是从0到1是1厘米，现在呢？（课件展示）

生：从1到2也是1厘米；从2到3也是1厘米；从3到4也是1厘米；从4到5也是1厘米；从5到6也是1厘米；从6到7也是1厘米。

师：说了这么多句话，有什么共同的特点？从几到几是1厘米，能不能用一句话来表述？

生：两个数字挨着的就是1厘米。

师：就是这样，好极了！我们看看是不是这样。（课件展示）

师：好，考考大家行吗？

生：行！

师：找数4，找到了吗？从4到几是1厘米？

生1：从4到5是1厘米。

师：大家来评价，对不对？

生：对！

师：谁还能说，从4到几是1厘米？

生：从4到3是1厘米。

师：有新意，有创意，有自己独特的想法。一般人都习惯从左到右依次往后看，一说到4，就往后想到5，所以从4到5是1厘米，可是这个同学的想法与众不同啊，他不仅会顺着想，还会倒着想，从4到3也是1厘米。

师：请一个特别棒的同学，把这两句话结合在一起说。从4到几是1厘米？要说完整。

生：从4到5是1厘米，从4到3也是1厘米。

师：她不仅能说完整，刘老师还很欣赏她会用"也"字！用得好！现在请大家看看，他们说的对不对。（课件展示）现在再请大家说一说，从8到几是1厘米，这次不仅要说对，还要求说完整。

一般看来，从尺子上找1厘米是一个比较简单的数学活动，刘老师却也设计了十分丰富且层次清晰的活动。请分析：学生对1厘米的认识，思维有哪些层次？

（4）认识几厘米

师：现在请你看屏幕，将出现一条红色的彩带，请你看看它的长是几厘米。（课件展示5厘米长的彩带）

生：（抢答）5厘米。（师沉默，不做回应）

生：（部分）6厘米。（学生间有争论）

师：那我知道了，现在大家的认识，要么是5厘米，要么6厘米，两种意见出现了交锋。最后的答案当然只有一个，不可能既是5厘米又是6厘米，到底谁对，也不能看谁声音大谁就正确，需要你说理由。请你来说一说。

生1：我觉得是6厘米，因为从1到5就是5个了，再加上0，就是6个。所以是6厘米。

生2：我觉得是5厘米，因为我数的是格子，不是数。

师：说得都很有道理，谁还想说？

生3：我觉得是6厘米，因为从0到6是6个，我们不能把0忘记了，就像黑板上写的，0表示起点。

师：的确，0很重要，所以他认为应该算上0。

生4：我觉得是5厘米，虽然0到6是6个数，但是0前面没有数了，也就是说从0到1是1厘米，从1到2是1厘米，从2到3是1厘米，从3

到4是4厘米（口误）……

师：我知道你的意思了，你数到这儿已经相当出色了！孩子们，其实我觉得通过这个过程，知识本身已经不重要了，重要的是同学们这种互相争论、互相倾听、互相学习的氛围，很好。要敢于坚持自己的意见，当然还要善于听取别人的意见，如果对方说得对，就要放弃自己的看法，用大人的话说就是，坚持真理，纠正错误。刚才大家说的，肯定有的是对的，有的是不对的。无论你说对了，还是说错了，都是勇敢的，好样的。到底是5厘米，还是6厘米，这个答案不应该由老师来说，应该研究这条线段与刚才我们研究的1厘米之间有什么关系，看它包含了几个1厘米。请看看屏幕，我们数一数。

问题：

- 这是一个容易忽视的学习难点，也是一个十分精彩的争论过程。返回去阅读这个片段，想一想在这个争论的过程中，教师扮演了怎样的角色？
- 教师后面的一番评论，把教学提升为教育。你觉得这番话在数学学习之外的意义是什么？
- 课堂中如果想让学生争辩，教师应当怎么做？什么时候介入到争辩中好？

(5) 用断尺量

师：现在有一个问题等着我们。有个同学叫小明，他也会测量的方法了，就是把尺子的0刻度线对准物体的一端，另一端对着几就是几厘米。我们看看小明的这把尺子，（展示教具）和我们的尺子是一样的，但是很不幸，小明家有一次着火了，结果呢这把尺子烧了一段，（展示）就烧成这样了，这把破尺子还能量东西吗？能量这个打火机的长度吗？

生：能！

师：怎么破尺子还能量东西？

生1：因为打火机比尺子短。

生2：虽然烧掉了一段，但是还可以对准0，这样量（学生上台演示）。

师：对，虽然烧坏了一部分，但零刻度线还在，所以还能量。但是，小明家真的很不幸，他家又着火了，把这边也烧掉了。这回连零刻度线都没有了，还能量打火机的长度吗？

生：能！

师：怎么量？

生：从断掉的那点量。

师：那请你来量吧。（生上台演示）

师：现在是几厘米啊？

生：7厘米，不是，8厘米。

师：这边对着4，这边对着12。

生：12减4等于8。

师：这位同学概括的方法很好，是用12减4就是8厘米。我们一起来数一数，有几个1厘米。

生：（齐数）1，2，3，4，5，6，7，8。

师：对了，就是8厘米。请同学回座位。

生：是7.8厘米。

师：真的很精确，搞科学就是要精益求精，这个态度非常好。好了同学们，刚才小明遇到的困难，一把尺子两端都烧掉了，其实我们遇到了很大的困难，但是我们居然还能用这把破尺子测量物体的长度，我们战胜了困难。你们知道我们是依靠什么战胜了困难吗？

生1：智慧。

生2：依靠自己。

生3：依靠知识。

生4：依靠灵感。

师：（充分肯定地）你们说得都对，就是要依靠智慧，依靠自己，依靠知识，依靠灵感，来解决问题。下面还有一个困难，怕不怕？

生：不怕。

师：看屏幕。同样有一把尺子和一支铅笔，但铅笔和尺子都有一部分被一张纸片盖住了。请你猜猜看，这支铅笔可能有多长？

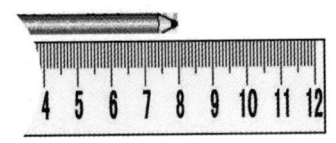

猜一猜铅笔的长度是（　）厘米

生1：我觉得是6厘米。因为1后面就是2。

生2：可能是7厘米。应该比6厘米长一点儿。

生3：我觉得是8厘米。

生4：我觉得是10厘米。

师：可能是10厘米吗？

生：不可能。最多就是9厘米。

师：9厘米可能吗？

生：不可能。

师：最有可能就是几厘米？

生：8厘米。

师：还有可能是——

……

问题：

• 怎样用断尺测量物体的长度？用断尺（没有0刻度）测量物体的长度需要注意什么问题？

• 尺子与植树问题在数学模型上有什么相似之处？

• 在上述教学中，学生是如何获得测量后可以用减法来算物体长度的？

【回顾与提升】

问题1：认识尺子到底是认识尺子的什么？

问题2：如何让学生在测量技能的学习中促进智慧的增长？

参考文献

鲍建生,周超.2009.数学学习的心理基础与过程[M].上海:上海教育出版社:120.

曹培英.2004.小学数学教学改革探析:在规矩方圆中求索[M].北京:人民教育出版社.

曹一鸣.2012.十三国数学课程标准评介[M].北京:北京师范大学出版社.

范文贵.2011.小学数学教学论[M].上海:华东师范大学出版社.

郭龙先.2011.代数学思想史的文化解读:从结绳记事到无穷集合[M].上海:上海三联书店:133-138.

胡作玄.2008.数学是什么?[M].北京:北京大学出版社:59-62.

姜荣富.2010.突出认知参与 强调反复体验:对有效教学活动的思考[J].小学教学:数学版(9).

KATZ.2004.数学史通论[M].李文林,等,译.北京:高等教育出版社:47.

李森柏.2009.真切的数学体验:认识厘米教学案例与反思[J].教育革新(3).

刘久成.2011.小学数学课程60年[M].镇江:江苏大学出版社:27.

刘晓玫.2005.小学数学教学研究[M].北京:首都师范大学出版社.

MARTIN.2004.教与学的新方法[M].史静寰,等,译.北京:北京师范大学出版社:206-207.

钱守旺.2007.千米的认识教学设计[EB/OL].[2013-06-15]. http://math.cersp.com/JSJY/TJJSJY/200706/4827.html.

全美数学教师理事会.2004.美国学校数学教育的原则与标准[M].蔡金法,等,译.北京:人民教育出版社.

沙雷金.2001.直观几何[M].吕乃刚,译.上海:华东师范大学出版社.

沈静,朱红伟.2011."长度测量"教学实录与评析[J].小学数学教育(1/2).

史宁中.2009.数学思想概论:图形与图形关系的抽象[M].长春:东北师范大学出版社:1-8.

孙晓天. 2003. 数学课程发展的国际视野 [M]. 北京: 高等教育出版社: 1.

伍元香. 2011. 走近名师 品味经典: 刘德武《认识厘米》教学片段赏析 [J]. 河北教育: 教学版 (1): 13–14.

袁玉霞. 2012. 建构"三全参与"的课堂教学环境: 强震球老师《认识厘米》教学赏析 [J]. 小学教学研究 (2).

远山启. 2010. 数学与生活 [M]. 北京: 人民邮电出版社.

梁宗巨. 2005. 世界数学通史 [M]. 沈阳: 辽宁教育出版社: 36.

张奠宙, 孔凡哲, 黄建弘. 2008. 小学数学研究 [M]. 北京: 高等教育出版社.

张奠宙, 于波. 2013. 数学教育的"中国道路" [M]. 上海: 上海教育出版社: 199–205.

张冬梅, 邱学华. 2007. "米的认识"教学片断与评析 [J]. 小学教学: 数学版 (7): 24–25.

中华人民共和国教育部. 2001. 全日制义务教育数学课程标准: 实验稿 [M]. 北京: 北京师范大学出版社.

中华人民共和国教育部. 2012. 义务教育数学课程标准: 2011年版 [M]. 北京: 北京师范大学出版社.

钟善基. 1996. 小学数学的基础理论 [M]. 北京: 北京师范大学出版社: 245.

附 录

为方便读者查阅，特将前文进行比较研究的根据实验稿课标编写的教材的完整图片作为附录呈现。

小贴士

获取更多有用、有趣的数学教学专业信息，增加专业阅读量，提高职业幸福感，请关注"一课研究"微信订阅号。

根据实验稿课标编写的"长度测量"教材图片
（按出版社名称音序排列）

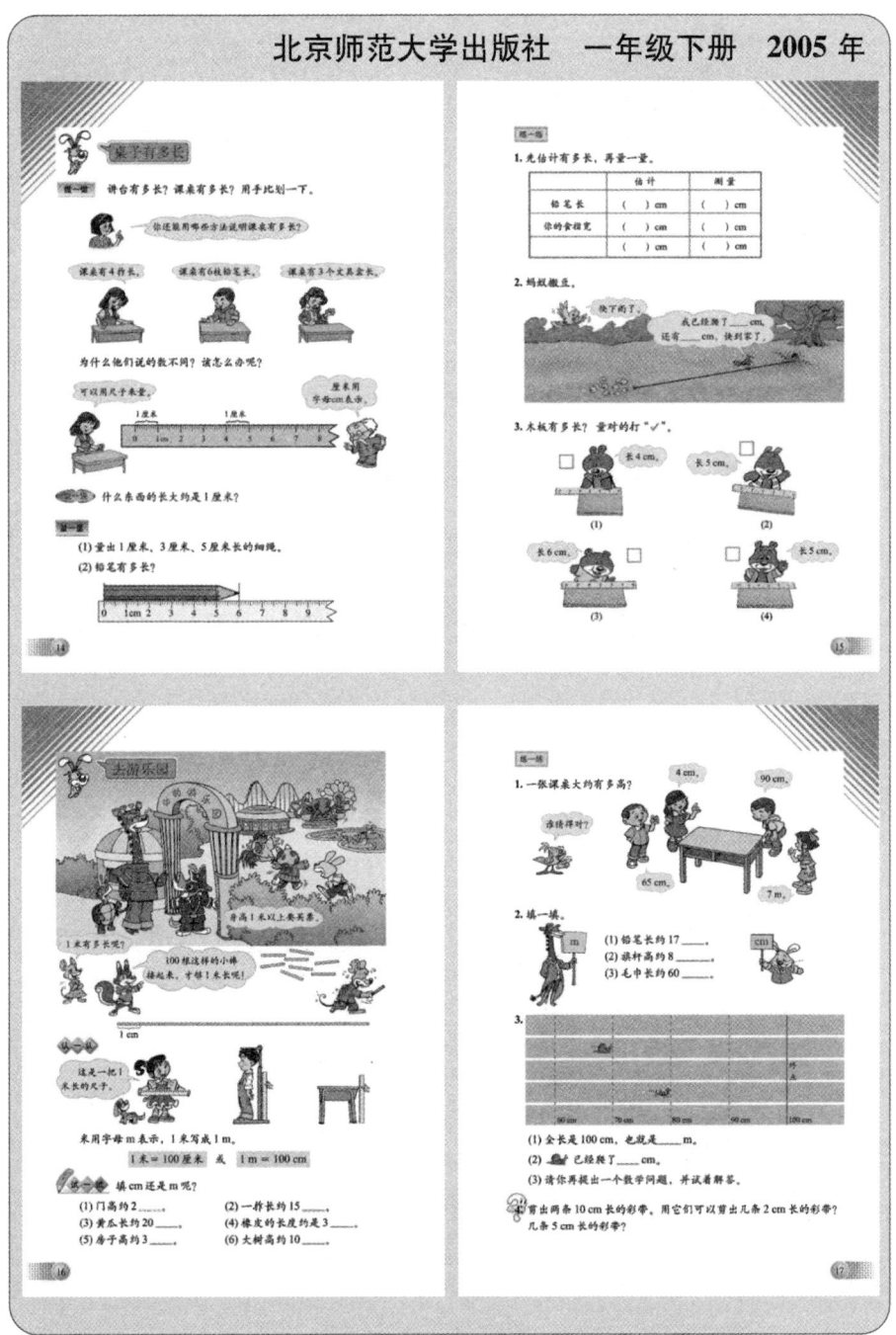

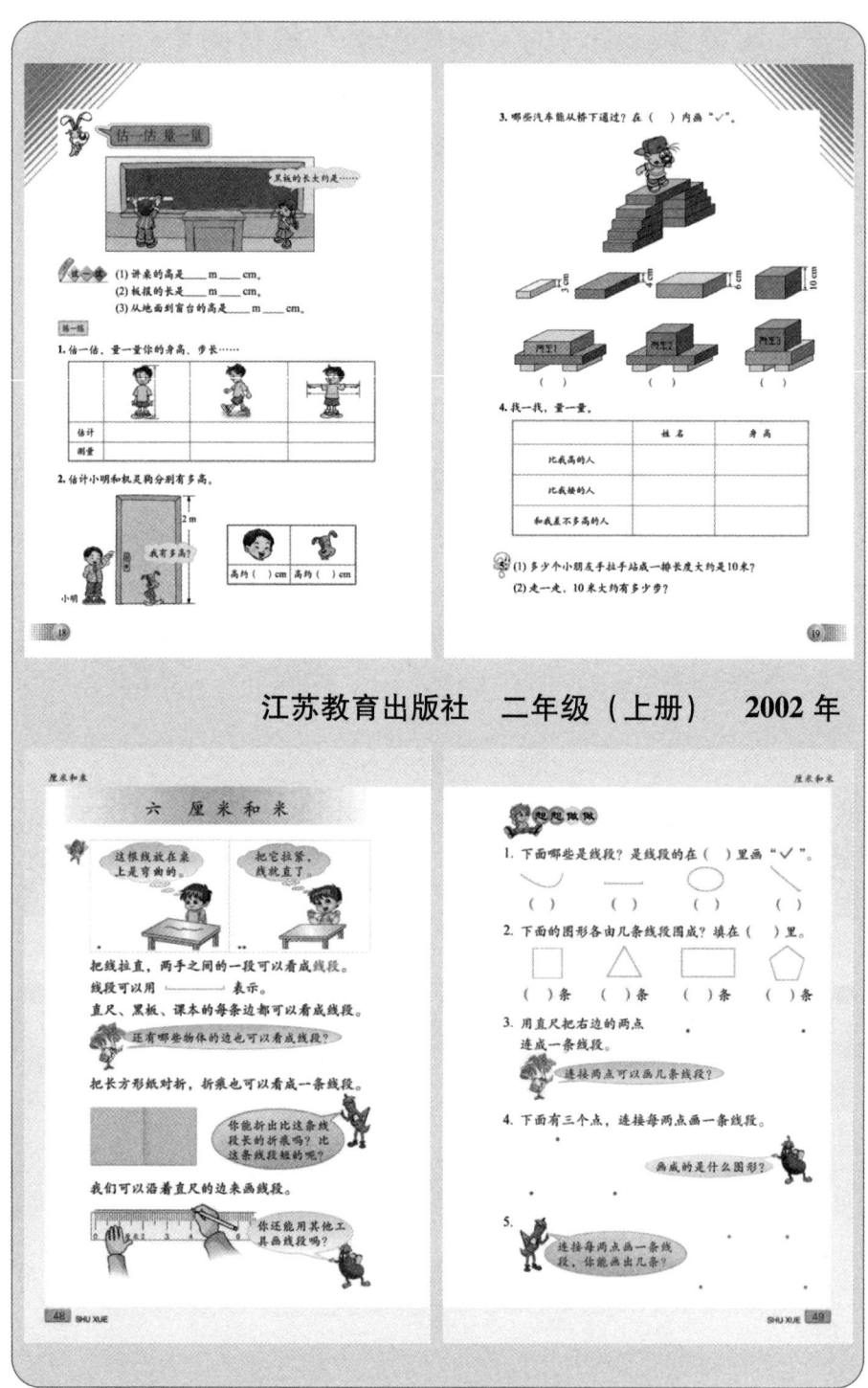

江苏教育出版社　二年级（上册）　2002 年

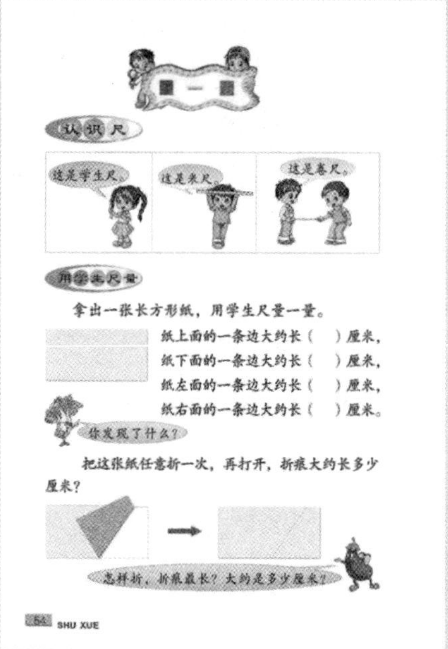

青岛出版社　一年级下册　2003年

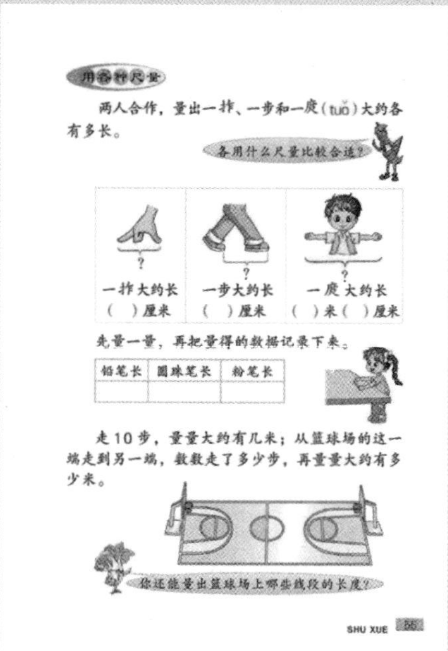

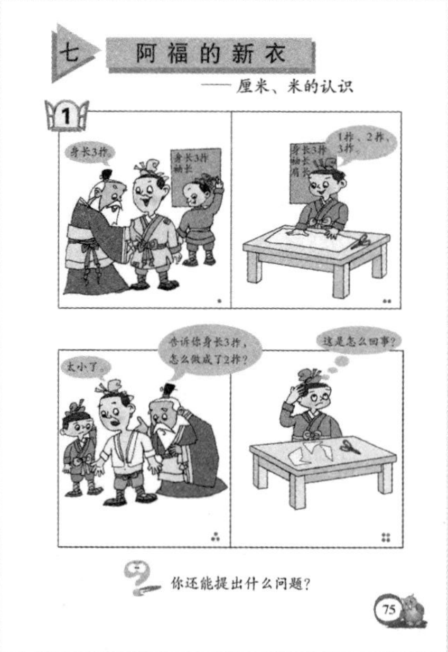

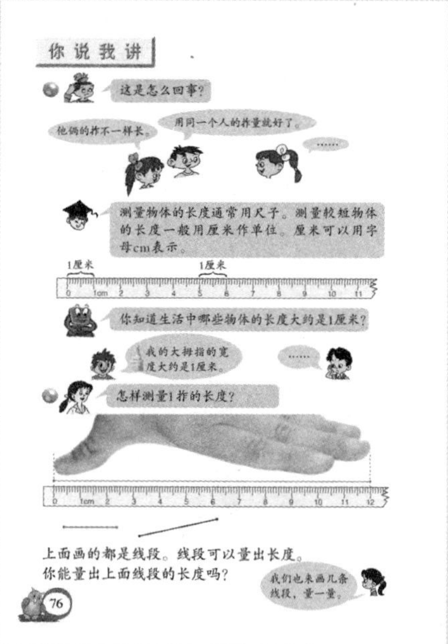

自主练习

1. 量一量。
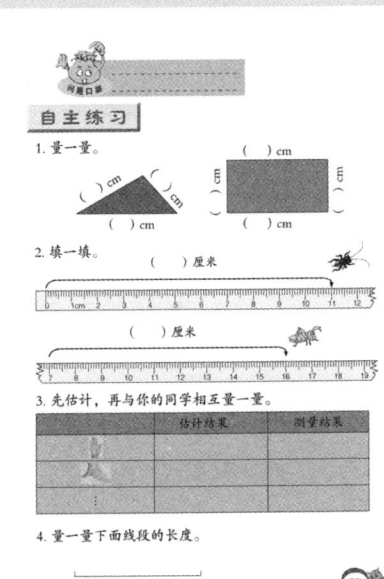
( ) cm
( ) cm
( ) cm
( ) cm

2. 填一填。
( )厘米
( )厘米

3. 先估计，再与你的同学相互量一量。

	估计结果	测量结果

4. 量一量下面线段的长度。

77

你还能提出什么问题？

你说我讲

到底是1米，还是100厘米呢？

100厘米就是1米，1米=100厘米，米可以用字母 m 表示。

1米有多长？

伸开的两臂长是1米。
讲桌的高度大约是1米。

78

自主练习

1. 连一连。

桌子　　小刀　　篮球场

10厘米　1米30厘米　28米

2. 可以怎样量？在空格内打"√"。

	教室的长	黑板的长	凳子的长

3. 怎样量乒乓球台的长呢？

可以用步量，我一步长约40厘米。
可以用拃量……

4. 画一条6厘米长的线段。

79

5.

可以用尺子量一量。
电视机的高大约是……

(1) 你想量什么？回家试一试。
(2) 说一说，哪些物体的边可以看成是线段？

我学会了吗？

测一测你班同学的身高，你能发现什么？

我知道1厘米大约有多长了。
我会测量了。

80

人民教育出版社　二年级上册　2001 年

练一练

用卷尺量一量。

下面这些都是线段。

线段是可以量出长度的。量一量上面的线段长几厘米。

画一条3厘米长的线段。

从尺的"0"刻度开始画起，画到3厘米的地方。

练习一

1. 看一看，铅笔长____厘米。

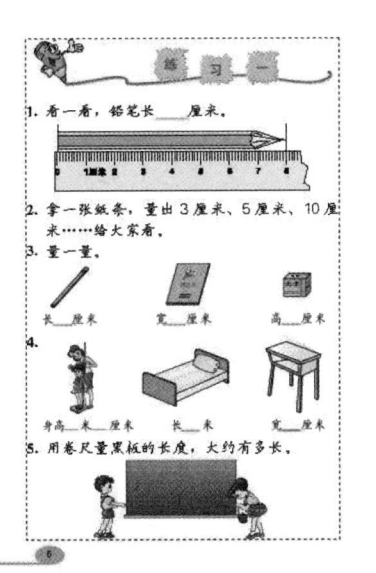

2. 拿一张纸条，量出3厘米、5厘米、10厘米……给大家看。

3. 量一量。

长____厘米 宽____厘米 高____厘米

身高____米____厘米 长____米____厘米 宽____米____厘米

5. 用卷尺量黑板的长度，大约有多长。

6.

	估计一下有多少个____长	实际测量一下有多少个____长

7. 指出下面哪些是线段。

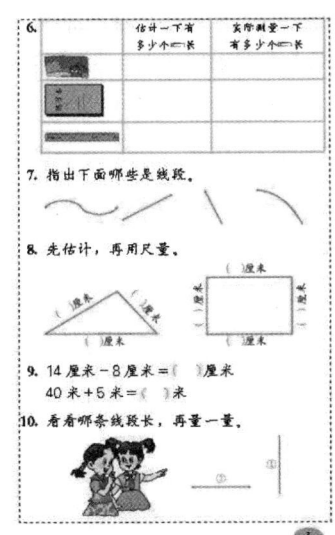

8. 先估计，再用尺量。

( )厘米 ( )厘米 ( )厘米
( )厘米 ( )厘米

9. 14厘米 − 8厘米 = ( )厘米
   40米 + 5米 = ( )米

10. 看看哪条线段长，再量一量。

西南师范大学出版社　二年级（上）　2002年

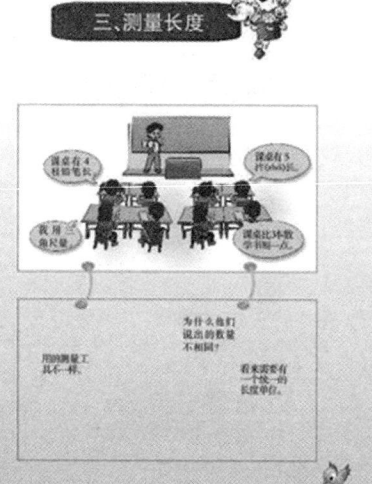

③ 量一量自己课桌的长和宽。

1. 在三角尺或直尺上比一比，自己一拃大约有多长？

2. 量一量自己坐的凳子的长和宽，记下量的结果，然后小组交流。

1. 下面物体的长各是多少cm?

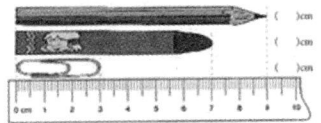

( )cm
( )cm
( )cm

2. 量一量，比一比，谁的手掌最宽？

3. 把5本数学课本叠在一起，量一量有多厚。

4. 量一量手臂的长度，并把量得的结果填在下面的表中：

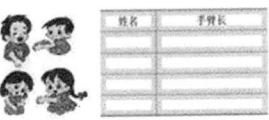

姓名	手臂长

说一说：谁的手臂最长？

看表中的数量，你想到了哪些数学问题？

5. 谁的文具盒长？

223

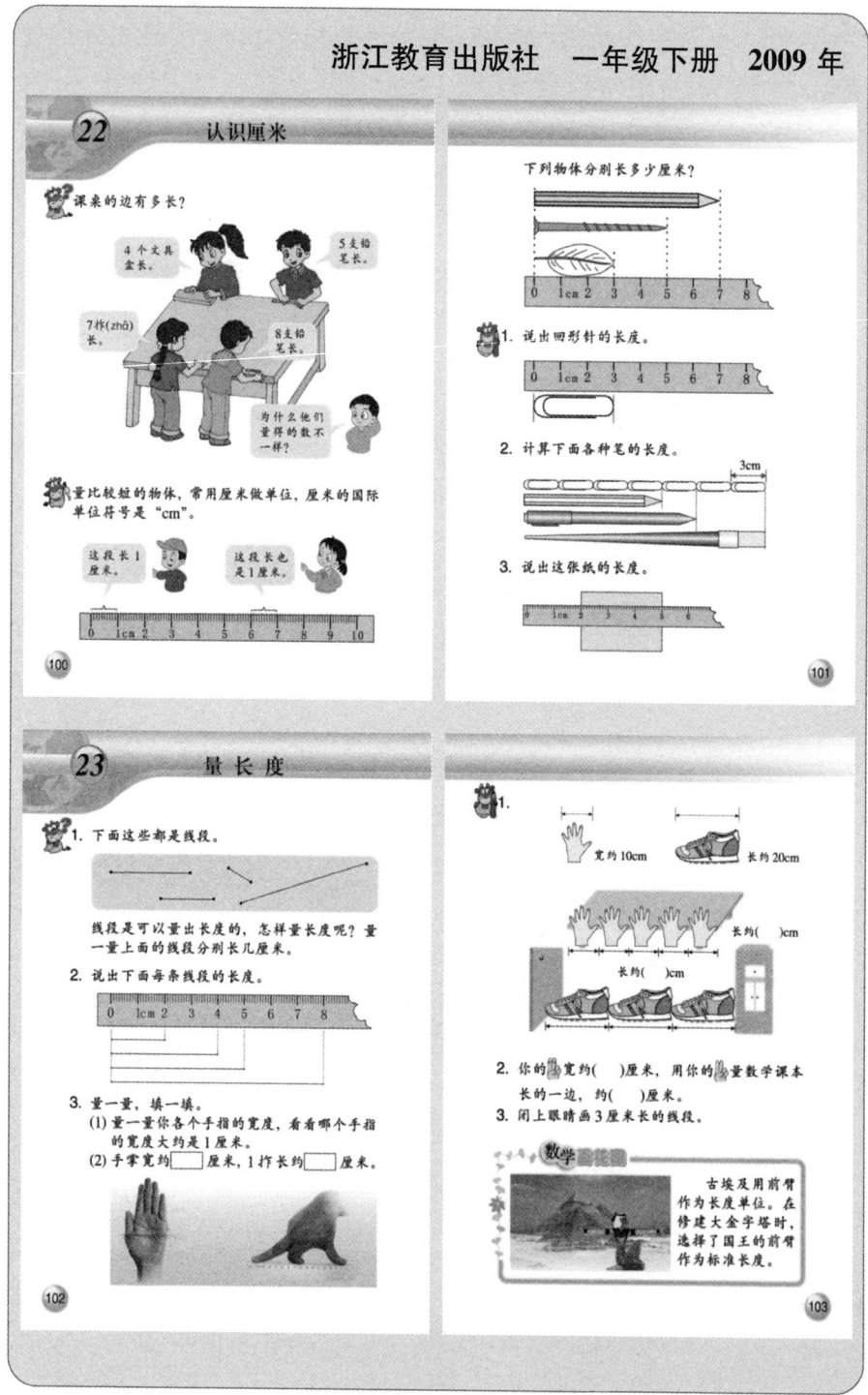

24 认识米

要知道跳了多远，常用卷尺去量。

量比较长的物体，常用米做单位，米的国际单位符号是"m"。

拿一把米尺，先看一看1米的长度，再数一数1米有多少厘米。

$$1 \text{米}(m) = 100 \text{厘米}(cm)$$

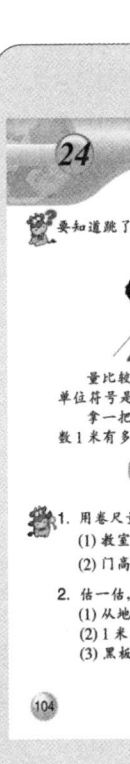

1. 用卷尺量长度。
   (1) 教室长约 ☐ 米。
   (2) 门高约 ☐ 米。

2. 估一估，量一量，说一说。
   (1) 从地面到你身体的什么地方大约是1米？
   (2) 1米大约有几支铅笔长？
   (3) 黑板的长边大约是几米？

3. 量身高。

强强量得自己的身高是1米20厘米。

1. 量一量黑板的边有多长。

2. 用卷尺量长度。
   (1) 教室外面的走廊长约 ☐ 米。
   (2) 找一块空地，先量出20米的长度，再走一走，你大约要走几步？
   (3) 你走20步的长度约为 ☐ 米。

练一练 十六

1. 看一看，填一填。
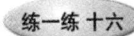
   —— 比 —— 长( )cm

2. 量出下列线段的长度。

   ( )cm
   ( )cm
   ( )cm

3. 两人一组，互相量一量。

   我的身高：☐厘米
   我的臂距：☐厘米
   我的步长：☐厘米
   我的臂长：☐厘米

4.

选择适当的方法测量门的宽度和游泳池的长度。

(1) 你会用身体的哪个部分来测度？

(2) 你会用哪一种工具来测量？

5. 估一估。

篮球架高约( )米。   树高约( )米。

6. 从强强家到学校有40米，从学校到电影院有30米。

强强家 —40m— 学校 —30m— 电影院

(1) 强强每天上午到学校上课，下午回家，要走（　　）米。
(2) 强强从家里出发到电影院看电影，要走（　　）米。

7. 小华用一根3米长的竹竿量水深，竹竿露出水面部分是1米。水深多少米？

8*. 树干一周有多长？同学们带着一根绳子和一把米尺，测量一棵大树干一圈的长度。想一想，应该怎样量？

108

后 记

　　从2007年起,我参加了"朱乐平小学数学名师工作室"的学习,研究一节课成为工作室学习中最重要的任务。从设计研究方向到构建写作框架,从查阅文献资料到设计校本教研,从问题对话的行文方式到字斟句酌的文字润色,朱乐平老师都倾注了全部的心血和卓越的智慧。这本书是被逼着写出来的,而朱老师逼我们的方式就是榜样的示范和不断地鼓励。六年了,与其说写成了这本书是在工作室学习的重要成果,不如说写作时经受的磨砺是生命中最重要的经历。这种经历就像吃一种豆腐一样,闻着很臭,吃起来很香。苦尽甘来,这句话说得一点儿也不假。

　　对一节课的研究,如同用古老的方法在很深的老井里打水,要有足够绳索和耐力。那一个个在键盘上敲打出的文字,其实是思考中跳跃的音符,是研究中沉淀的结晶。无论是思考、研究还是写作,都像是溪流里的水,既有倾泻与奔腾,也有阻隔与停滞。困难中曾经有过很长时间的停滞,重拾时不得不从头再来。现在,终于完稿了,按理应当有一种如释重负的感觉,但事实上仍然如牛负重。因为我知道,著作就是专业水平的温度计,测量的是作者的知识与能力,还有思考与表达。

　　在写的过程中,我琢磨了一套自己的方法:一篇文章围绕一段话来说,这段话就是该文的开头,一段话围绕一句话来说,这句话就是这段的标题,一句话围绕一个关键词来写,这个关键词就是标题的核心。用这样的方法,有时还能享受写作时畅快淋漓的感觉。对一节课进行多维度的研究是一种新的尝试,读者可以根据需要有选择地阅读与使用本书,各章节的简要内容如下:

　　第1章介绍了长度测量的数学文化,包括长度测量的发展简史,测量与数学发展和科技进步的互助关系，与教学直接相关的主题是统一测量单位的意义以及测量单位设计是数学内部和谐选择的结果。

第2章介绍了我国各个不同时期长度测量的教学要求，并比较了新世纪以来几个不同国家对长度测量的内容设计或评价标准。从我国历史的纵向比较中可以看到课程改革的缩影，从不同国家的横向比较中可以看到多元文化中长度测量的课程设计。

第3章介绍了长度测量在不同教材中的呈现形态。作为教育任务的数学在不同教材中呈现的形态并不一样，阅读这一章有利于丰富对教学内容与目标的理解，读者也可博采众长，设计出多样化的教学。

第4章介绍了长度测量的教学设计。阅读这章可以快速且比较全面地了解如何教学长度测量。它就像餐饮中的快餐一样，丰富且便捷。即使你不是正在教学这一内容，阅读其中的教学片段与评价，对你理解教学也会有一些启迪。哪怕对这些片段或评论不感兴趣，也可以从文中找到索引查阅原文。

第5章与第6章都与教学研究有关，前者是以前测与后测作为依据分析学生的学习情况，后者则是把长度测量设计成几个供老师讨论的问题。

本书吸收了很多学者的观点，引用了不少优秀的案例，尽管在行文中尽可能做出详细的注释与说明，但仍免不了会有疏漏，在此表示感谢并请谅解。

写作本书时，我试图站在读者的立场，让你阅读时能找到与朋友对话的感觉。教育科学出版社的郑莉编辑建议了对话式的写作方式，这对我来说既是挑战，也是有意义的尝试。何薇、刘灿两位编辑对书稿进行了细致的加工，纠正了诸多不当，使之增色不少。对编辑老师负责的工作态度与严谨的治学精神，笔者深表谢意。

在参加"朱乐平小学数学名师工作室"学习的过程中，我感受到了集体的温暖并受惠于团队的力量。大家相互学习，互帮互助，特别是在每个艰难的进程中，都有一部分先行的探索者，他们无私地奉献了自己的智慧，使得我在前进的路上绕过泥泞。

十年树木。如果可以把这本书看作树中的果实，那么栽树人是张天孝老师。十年前，我只是丛林中一棵极其普通小树，看不出任何茁壮成长的潜质，张老师给我带来了阳光和雨露。对这份难以回报的厚爱，我终身铭记。

还应该感谢我的爱人与儿子，家的温暖给了我不少支持的力量，让我在困难中学习坚持，在顺境中懂得珍惜。

我愿意把这本书当作一束白光，每个读者就像是三棱镜，透过你们才能看到各种不同的色彩。欢迎大家批评指正。

姜荣富
2013年7月于杭州